JN100778

3・4・5歳児の

＼イメージがどんどん膨らむ！／

四つ切り 画用紙 に描く 実践ライブ

はじめに

「四つ切り画用紙に描く」活動が、行事などの体験を伝えるためだけの表現や、絵本などのひと場面の再現といった取り組みに終わっていないでしょうか？　たとえば、「運動会の絵」といっても、自分たちの経験した運動会をきっかけに、動物たちの運動会に展開しても良いはずです。「お話の絵」も絵本などをきっかけに自分なりのお話作りを楽しむことで、その子なりの個性が表れるのではないでしょうか。伝えたり再現したりするだけでなく、イメージの世界で遊ぶことも、「楽しく絵を描く」活動には欠かせないものだと思います。

　そのためには、子どもが「描きたい」と思えるような工夫や、描くのが「楽しい」と思える環境を整えることも必要です。そして、表現の幅を広げたり深めたりするための適切な指導や、子どもの思いに寄り添った援助をすることが、より豊かな表現へとつながっていくと思います。指導とは「どの子も同じ」表現に向かうような画一的なものではなく、指導をきっかけに「どの子も自分なりに」表現できることを目指します。あくまで指導は “入り口” で、子どもの表現の数だけ “出口” があるのです。

　本書では、「どんなテーマで」「どんな画材を使って」「どのように描くのか」といった方法を具体的に提案しています。これらをきっかけにして、「なぜそれが必要なのか」「どんなところが子どもの表現を豊かにしたのか」「他にもどんな応用ができるのか」先生方にも自分なりの展開を考えていただき、この本を “入口” にして、いろいろな “出口” を模索していただければと思います。

村田夕紀

CONTENTS

1　はじめに

3　本書の使い方

絵を描くときに
知っておきたい
基本

4　四つ切り画用紙に向かう前に　まずは「絵あそび」から始めよう！

6　**四つ切り画用紙に絵を描こう！**

8　描きたくなる♪　導入のポイント

9　安心して取り組める　関わり方のポイント

10　活動に合わせた　環境構成

11　絵を描く活動に取り組む上で大切にしたいこと

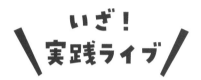
いざ！
実践ライブ

 page **12**　パス

12　いろいろな使い方を
　　楽しもう

14　どんぐりむらのお店屋さん

15　ウサギのお月見

16　おいしいトマトができたよ

17　ドーナッツ屋さん

18　アリさんのおうち

20　働き者のミツバチくん

22　雨降り♪　傘をさしておでかけ

24　きれいな花火だよ！

page **26**　絵の具

26　絵の具を扱う
　　ときのコツ

27　色作りのコツ

28　長いお耳のウサギさん

29　迫力いっぱい！　消防車

30　ザリガニさんとお友達

32　おいしいスイカとアリさん

34　ブドウのマンション

36　首のなが～い　キリンさん

38　ライオンの王様

40　ぽんぽこタヌキがやってきた

42　サンタとトナカイからのプレゼント

44　鬼さん

46　楽しいイモ掘り

48　ヒマワリが咲いたよ

50　くだもの列車

52　おしゃれなシロクマさん

54　あのね♡　大きくなったらね♡

page **56**　コンテ

56　コンテを扱うとき
　　のコツ

57　いろいろな使い方
　　を楽しもう

58　風船を食べたクジラさん

60　動物たちの冬じたく

62　氷のおうち

64　フワフワの雪だるま

page **66**　油性フェルトペン

66　黒だけに限定するのはなぜ？

67　他の画材との併用を楽しもう

68　こんなロボットがいたら♡

70　"せんたくかあちゃん"になってお洗濯

72　そらまめくんがね…

74　花時計

76　サンタの住む街

page 78 墨汁

78 墨汁を扱うときのコツ

79 他の画材との併用を楽しもう

80 魔法使いになって

82 カラスの森のお店屋さん

84 かさじぞう

86 海賊船

88 忍者屋敷

page 90 貼り絵

90 貼り絵をするときのコツ

91 イメージを膨らませて描こう

92 宇宙探検

94 虫さんとお友達

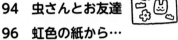

96 虹色の紙から… おうちを建てよう！

98 うろこがとってもきれいだよ

100 お友達とおでかけ

102 手袋のおうち

page 104 版画

104 版画をするときのコツ

105 いろいろな作り方を楽しもう

106 サンタが街にやって来た

108 ツリーハウスにいらっしゃい

110 雪だるまの国では

本書の使い方

画材の教材研究ができる！

7種類の画材それぞれについて、扱い方のコツや、他の画材と併用するときのコツ、いろいろな使い方などを解説！

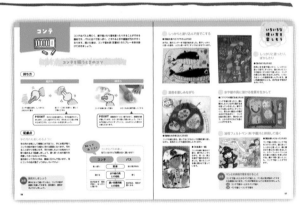

イメージが湧く実践事例が満載！

画材を生かしながら、子どもたちの "描きたい" 気持ちが膨らむ実践プロセスを写真で紹介！

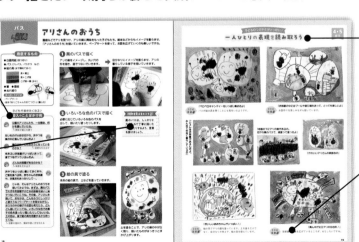

導入のことばがけ例

子どもの発想を広げ、活動の流れや画材の使い方を伝えることばがけ例を紹介。

活動を支えるヒント

保育者による適切な指導や援助・環境構成の方法が分かります。

一人ひとりの表現を読み取ろう

子どもが実際に描いた作品が満載！　一人ひとりの思いや表現にふれてみましょう。

ここに注目

子どもの表現の中で、特に注目したいこだわりを解説しています。

四つ切り画用紙に向かう前に まずは「絵あそび」

「絵あそび」で大切な3つの経験

- 画材・用具の使い方や特徴を知る経験
- 描くことそのものが楽しいと思える経験
- 友達と関わる中で影響し合い、描く意欲を高められる経験

生活の中での体験や身近な出来事を題材に設定し、子どもの興味や関心に合わせた内容を工夫することで、子どもたちにとって絵あそびの時間が豊かな経験になっていきます。
では、その実践例を見ていきましょう。

実践1 小さい紙に毎日描く

今日の出来事や友達などを、昼食後などのちょっとした時間を使って描きます。毎日の活動として定着するといいですね。描いた紙は自分の「お絵描きポケット」に入れておき、まとめて持ち帰ります。

環境構成・援助

- はがき程度の小さな紙を用意する(コピー用紙または白画用紙)。
- 一人一枚ずつ丁寧に描くよう促す。
- 子どもの手の届く場所に設置し、自分で入れたり出したりできるようにする。

気負いなく、リラックスして描いたり、友達と関わりながら楽しく描いたりする姿が見られます。

透明のウォールポケット

ポケットサイズだから気軽に描ける!

実践2 大きな紙にみんなで描く

大きな模造紙を床に広げ、みんなでのびのびと楽しく描きます。絵の具は紙パックを切った容器に入れ、持ち運びができるようにすると使いやすいですね。

環境構成・援助

- 一人ひとりの活動を大切にしながら、子ども同士で話し合い、協力し合ってイメージを共有し、みんなの活動へと展開できるようにする。
- 保育者は指示をして活動をまとめるのではなく、子どもたちの思いをつなぐ調整役に。
- 広い画面に刺激され、のびのびとした楽しい活動へと展開できるようにする。
- 必要に応じて紙をつなげていき、活動の展開を促す。

友達と一緒に描いたり、友達の描いたものをきっかけに描き始めたりと、互いに影響し合いながら描く意欲を高めていきます。

から始めよう！

絵を描くことは楽しい遊びのはずですが、描くことに消極的な子どもや、描くことに苦手意識をもつ子どもがいます。まずは絵あそびの経験を重ねて、「描くことが好きになる」きっかけをつくりましょう。

実践 3 しかけを楽しみながら描く

環境構成・援助

- 子どもの興味や関心をもとに、描くための"しかけ"（描くきっかけ）を用意する。
- 形を上手に描くことを求めるのではなく、"つもり"になって描いている子どもの思いに共感し、楽しく活動できる雰囲気づくりを心掛ける。

"しかけ"をきっかけに、つもりになって楽しく描く姿が見られます。

●おいしいおやつ

四角い画用紙の形を少し変えるだけで、ずいぶん楽しくなりますね。

●遠足に行こう

四角い画用紙をつなぎ合わせ、丸く切ったタイヤを貼って大型バスのできあがり。バスをきっかけに描くことが楽しくなりました。

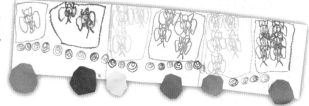

実践 4 技法を楽しみながら描く

●ジュース（はじき絵）

コップに見立てた画用紙に、パスで氷やフルーツを描き、ジュースに見立てた絵の具を塗ります。いろいろなジュース作りを繰り返し楽しみましょう。

環境構成・援助

- 一つひとつの技法との出会いが、子どもに驚きとして迎えられ、画材や、色、形に関わる楽しさを感じられるようにする。
- 満足するまで繰り返し、経験を深められるような環境を整える。

●切手（スクラッチ）

薄い色のパスを塗った後、濃い色のパスを塗り重ね、割り箸ペンで削るようにして描きます。

画材・用具に慣れ親しみ、技法の効果や画材の特性に気付きます。「おもしろい！」と心をときめかせ、「もっとやりたい！」と意欲的になり、「今度はこんなふうに」と工夫する姿が見られます。

「絵あそび」を通して育つ力

子どもの表現を支える経験が豊かになり、子どもが育ち、表現の幅が広がってくると、緊張したり、気負ったりすることなく、自分の表現に自信をもって、意欲的に描く活動に取り組めるようになってきます。そのような姿が見られれば、「四つ切り画用紙に描く」準備ができたと考えていいでしょう。ここで保育者は、どのように「作品作り」をするかを考えるよりも、一人ひとりの子どもが自分なりにイメージを膨らませ、のびのびと描けるように工夫することが大切です。

次のページから「四つ切り画用紙に描く」活動の考え方、基本を解説します。

四つ切り画用紙に絵を描こう!

「四つ切り画用紙に描く」活動について、活動を進めるときの考え方と、題材の選び方・画用紙の選び方・色の組み合わせ方といった描くときの基本について解説します。

＼ 楽しい活動で豊かな表現になるために ／

一人ひとりの個性と友達との関わり

「四つ切り画用紙」は自分の世界を描ける、個性が表れやすい空間ですが、友達とイメージを共有したり、ときにはまねをして描いたりすることもあります。そのことが個性をなくしてしまうのではなく、それらを取り入れながら、更に自分の表現世界を広げていくと捉えましょう。

適切な指導と援助

表現の幅を広げたり深めたりするためには、画材・用具の使い方などの適切な指導も必要です。楽しく描き始められる"きっかけ"となる指導を心掛けましょう。一人ひとりの子どもの思いに寄り添った援助をすることで、より豊かな表現を引き出していきます。

描きたくなるような題材設定を

行事などの後に「経験した内容を描く」といった取り組み方ではなく、子どもたちが「おもしろそう!」「描いてみたい!」と思えるような題材を工夫することが大切です。

題材選びのポイント

生活における楽しい出来事や絵本などの物語をもとに描いたり、自分なりにイメージを膨らませ、空想したものを描いたりします。ときには、生活経験の絵や物語の絵の中に、自分なりにイメージを広げ想像したものを描き入れることもあります。また、空想の世界を描いた絵の中にも、生活経験に基づいた内容が描かれることもあります。場面を忠実に再現したり伝えたりするだけでなく、イメージの世界で遊ぶことも、「楽しく絵を描く」活動には欠かせないものでしょう。ここから個性が生まれます。

生活経験をもとに描く	観察したものを描く	絵本などのお話をきっかけに描く	空想したものを描く
「ヒマワリが咲いたよ」(P.48)	「ザリガニさんとお友達」(P.30)	「そらまめくんがね…」(P.72)	「ブドウのマンション」(P.34)

ヒマワリを育てた経験をもとにイメージを広げ、お話作りを楽しみながら描いています。

そっくりに上手に描くことを求めるのではなく、印象に残ったところやイメージしたことを、自由な発想で描けるようにしています。

絵本の内容を再現するだけでなく、絵本をきっかけに、自分なりにイメージを広げて描いています。

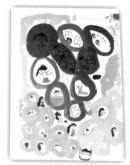

空想の世界を描いていますが、日常生活が絵の中に表れています。

画用紙の選び方

まずは、白画用紙が基本となります。使用する画材やテーマに合わせて選んでみましょう。

白画用紙

画材の発色を重視するなら、白画用紙がおすすめ。色が沈み込んだり、鮮やかさを失ったりしません。

画材の色で変わる!

薄い色なら…
優しい穏やかな印象に!

濃い色なら…
力強いはっきりとした印象に!

「"せんたくかあちゃん"になってお洗濯」(P.70)

「長いお耳のウサギさん」(P.28)

「魔法使いになって」(P.80)

薄い色の画用紙

濃い色、暗い色の画材を使うと、子どもの描いた形がはっきりと見えます。

「ライオンの王様」(P.38)

濃い色の画用紙

薄い色、明るい色の画材を使うと、子どもの描いた形がはっきりと見えます。

黄色の絵の具には少し白を混ぜ、色がはっきりと見えるようにしています。

「首のなが〜い キリンさん」(P.36)

色の組み合わせの工夫

一つの色の美しさだけでなく、色を組み合わせることで色同士が響き合い、美しさが増します。用意する色画用紙も含め、テーマに合わせて色の組み合わせを工夫しましょう。

同系色でまとめる

色画用紙と画材を同系色でまとめています。

[暖色系]

「サンタとトナカイからのプレゼント」(P.42)

[寒色系]

「雪だるまの国では」(P.110)

柔らかく優しい色でまとめる

画材と画用紙の色を、柔らかなパステルトーンにしています。

「おしゃれなシロクマさん」(P.52)

落ち着いた色でまとめる

テーマに合わせ、茶系のコンテを中心に使っています。

「動物たちの冬じたく」(P.60)

鮮やかな色を組み合わせる

赤と緑の補色の響き合いや対比の美しさを生かすために、白画用紙を使っています。

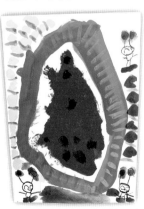

「おいしいスイカとアリさん」(P.32)

導入のポイント

導入は、活動の説明や一方的な指示を行なうものではありません。表現の幅を広げるために必要な内容を指導したり、活動の流れを示したり、一人ひとりのイメージを膨らませたり、活動への期待感を高めたりするために行ないます。次の3つのポイントを意識して、楽しい導入になるよう工夫しましょう。

導入時に心掛けたい3つのポイント

- 保育者が伝えたい内容と、子どもに工夫してほしい内容を的確に分かりやすく伝える

- 子どもと言葉のキャッチボールを交わしながら、子どもの思いを引き出す

- 保育者の話を聞かせるだけでなく、子どもが自由に発想できるように心掛ける

導入の工夫例

絵本や紙芝居を読んで

- 心に残った内容を描いていきますが、視覚にうったえるものがあるだけに描きやすいようです。その反面、場面にこだわりすぎて、自分のイメージを展開しづらくなることもあります。
- 事前に読み聞かせたり、お気に入りで何度も読んでいるものを選んだりすると、物語について話し合うだけでイメージすることができます。
- 物語を忠実に再現することだけにとらわれず、それらをきっかけにイメージを広げ、自分なりのお話作りに展開すると楽しくなります。

ペープサートを使って

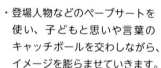
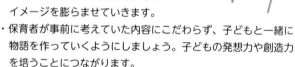

- 登場人物などのペープサートを使い、子どもと思いや言葉のキャッチボールを交わしながら、イメージを膨らませていきます。
- 保育者が事前に考えていた内容にこだわらず、子どもと一緒に物語を作っていくようにしましょう。子どもの発想力や創造力を培うことにつながります。
- ペープサートは描画活動の発達の様子を踏まえ、子どもの表現方法をまねて作りましょう。子どもが気軽に描ける表現を超えたペープサートは、描画活動に向かう妨げになりかねません。安心して描き出せるよう配慮しましょう。できるだけ実際に使う画材を用いてペープサートを作ると、子どもたちが描くことをイメージしやすくなります。

話し合いながら

- 楽しい体験や印象に残ったことを、保育者や友達と話し合うことで、記憶を呼び覚まし、思い出しながら描画活動に向かうことができます。
- 子どもが興味をもった社会での出来事や物語などをもとに、空想の世界でのお話を一緒に作ることで、イメージを共有し、影響し合いながら楽しく描くことができます。
- 保育者は指導する立場ではなく、子ども同士の思いのやり取りを調整する役割を担います。

保育者がやって見せながら

> まずは肌の色を塗って描くよ。それから…

- 画材の特徴や扱い方、技法などを指導したり、活動の流れを示したりするとき、実際に子どもの前でやって見せ、視覚的に示すと分かりやすくなります。
- ただし、保育者が示すのは手本や見本ではありません。示した通りに描かせることが目的ではなく、導入をきっかけに子どもたちがイメージを膨らませ、自分なりの表現に向かえるようにしましょう。

関わり方のポイント

保育者と子どもが互いに信頼し合い、喜びを共にする関係を築きましょう。そのためには、保育者の思いを押し付けるような関わり方や、間違いを指摘して子どもを委縮させてしまうような関わり方は避けましょう。次の4つのポイントを意識して、保育者の願いと子どもの思いがすれ違わないようにしたいものです。

＼ 大切にしたい4つのポイント ／

共感的な関わりを

子どものつぶやきや思いを大切に受け止め、その子らしい表現や発想、工夫などに共感しましょう。保育者に受容され、認められることで、子どもは安心して描くことができます。

つぎはどのいろにしようかな〜♡

カラフルなドーナツね！どれもおいしそう！

描くきっかけをつくる

戸惑っている子どもには、描くきっかけをつくることも必要です。子どもの様子から何に困っているのかを探り、気持ちに寄り添いましょう。時には保育者と一緒に描いたり、友達のまねをしたりすることから始めてもいいでしょう。保育者が描くときには、発達に応じた子どもらしい形を描くようにし、キャラクターなどのイラストは避けましょう。

先生も一緒に描こうかな♡

落ち着いた環境を

子どもが描くことに夢中になっているときには、ことばがけは控え、そっと見守ります。集中できる落ち着いた環境づくりを心掛けることも大切な配慮です。一人ひとりが自分なりのペースで活動を楽しめるようにしましょう。

NG

せんせい、ちょっとうるさいなぁ

すごいねーすごいねーとってもかわいい！わーわ！…

保育者も落ち着いて

難しい画材にチャレンジするときには、程良い緊張感が生まれます。導入ではゆっくりと丁寧に話をして、活動が始まったら静かにそっと声を掛けるなど、保育者も落ち着いて子どもに関わるように心掛けましょう。

こぼさないようにそ〜っとゆっくりゆっくり

今日は墨で描くよ

おねえちゃんがおしゅうじでつかってるよ！

子どもの夢中に寄り添って

子どもの描いた絵から、その子の思いを感じ取ったり読み取ったりすることは、子ども理解を深めるためにも大切なことです。しかし、必ずしも子どもは名付けられるもの、意味のあるものを描いているとは限りません。何を描いたのか、意味を聞き取ったり説明を求めたりするばかりでは、かえって子どもの描く意欲を損ねることになりかねません。何をどのような形で描いたか、どんな色で塗ったかということだけに目を向けるのではなく、描くという行為を楽しんでいる子どもの様子から、その子が何に夢中になっているのかを感じたり理解したりして、子どもに関わっていきたいものです。

環境構成

画板の並べ方や画材を置く場所などを工夫し、一人ひとりの子どもの活動が楽しく展開できるようにしたいものです。活動の流れや子どもの動線を考えて環境を構成しましょう。

共同で使う画材があるときは

丸く輪になる

おすすめポイント

★絵の具の色数をたくさん用意するときなどに最適。
★画面が汚れにくく画材も取りやすい。

1 大きな輪になるよう円形に画板を並べます。輪の中心に子どもたちを集めて導入をすると、話しやすいです。

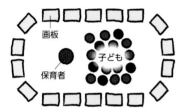

2 導入が終わったら、子どもたちには画板の前に外向きになって座るよう促しましょう。

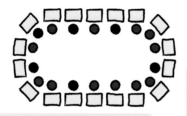

個人持ちのパスやペンなどを併用するときには、それぞれの画板の横に置くようにします。画板には、事前に子どもの名前を付けておくと分かりやすいですね。

3 色画用紙を使う場合には、輪の中心部に各色を並べて置くと、好きな色を選びやすいです。

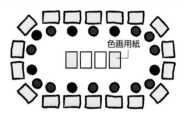

4 色画用紙を選んだ後は、絵の具などの画材を出していきます。

子どもが一度に取りに行くと混雑するので、輪の中の数箇所に分けて画材を置き、描き始めは順番を決める・譲り合うなどといったルールをつくりましょう。

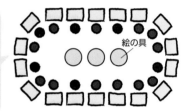

4人1組で

おすすめポイント

★使う色数が少ないときにおすすめ。
★少人数の活動になるため、じっくりと落ち着いて取り組める。

4枚の画板の中央に、4人分の共同で使う画材を置きます。

個人持ちの画材のみで描くときは

向かい合わせで

子ども同士が向かい合わせで並んで座ります。

おすすめポイント

★子ども同士で話し合ったり、教え合ったり、まねをしたりと、互いに影響し合いながら描ける。
★保育者はたくさんの画面を一度に見渡せるので、子どもの活動を把握しやすい。

パスやペンなどの画材は、画板または体の横側に置きましょう。

横並びで

保育者に向かって画板を並べて座ります。

おすすめポイント

★比較的周りからの影響を受けることが少なくなるので、じっくりと取り組むことができる。

絵を描く活動に取り組む上で大切にしたいこと

題材や画材の工夫

遠足や運動会などの行事の後に、四つ切り画用紙に描くことが定番になっていないでしょうか。「感動する楽しい経験があれば描けるはず」と過信するのではなく、どんな題材を設定すれば「描いてみたい！」と思えるのか、どの画材でどんな方法にすれば「おもしろそう！」「やってみたい！」と興味がもてるのかを考えてみましょう。描く活動自体が楽しく、感動できる経験になるよう工夫することが大切です。

指導の在り方を考える

「どの子も同じように」と願い、手本や手順を示す画一的な指導を行なうことは、子ども主体の表現にならないだけでなく、"間違ってはいけない"と子どもを委縮させてしまいます。
反対に、子どもの自由な表現を求め、任せ切りにしてしまうと、指導から得る知識・技能の基礎が培われず、特に苦手な子どもはそのままで過ごすことになります。子どもの表現の幅を広げたり深めたりするための適切な指導の在り方を考えましょう。指導は豊かな表現に向かうための「入口」であり、子どもの数だけ「出口」（表現）があるのです。

予想から大きく外れた場合

悪ふざけをしている場合にはもちろん軌道修正する必要はありますが、そうでない場合には、まずはその子がどんなことに夢中になっているのか、どのような表現をしようとしているのかを見極めましょう。予想外の表現も大らかに受け止められると、保育が楽しくなります。

"まね"は悪いことではなく学び合い

描くことに不安があって、友達のまねばかりする子もいます。「まねばっかりしないよ！」と声を掛けたり、別の場所に移動させたりすると、余計に不安になってますます描くことがいやになります。まねをすることは悪いことではなく「学び合い」と捉えて、ゆったりとした気持ちで関わりましょう。少しでも友達と違った表現をしていたら褒め、自信につなげていきましょう。

保育者の教材研究が、子どもの描く楽しさを引き出し、豊かな表現につながる

子どもの興味や関心に合わせた題材設定ができるよう、日頃の子どもの姿を観察したり、季節や行事などに合わせた絵本や紙芝居を選んだりすることも大切な教材研究になります。保育のねらいを軸にして「このように描いてほしい」「こんなふうに描くかな」と予想を立てて、実際に描いてみましょう。教材研究の視点だけでなく、子どもの姿を思い浮かべながら、子どもになったつもりで描いてみることで、指導や援助のポイントが見えてきます。準備が難しい絵の具などは、前日までに用意しておくと慌てずに済みますね。

画材ごとに実践を見ていこう！

パス

パスは「クレパス」「パステラ」「パッセル」などの商品名でも呼ばれています。子どもたちにとって手軽に使え、親しみやすい画材ですが、それだけに乱雑にならないよう、丁寧に線を描いたり、しっかりと力を入れて塗ったりといった指導やことばがけが大切です。

いろいろな使い方を楽しもう

● パスの色を限定して描く

自由に色を選んで描く方法が一般的ですが、色を限定して描く方法もあります。

描き始めはイメージカラーの1色〜数色に限定する

必要に応じて他の色や絵の具なども加えます。

茶 こげ茶

●「どんぐりむらのお店屋さん」(P.14)
茶とこげ茶だけで描いています。

白

●「ウサギのお月見」(P.15)
白のパスを使って描き始め、必要に応じて色を足していきました。

黒

●「アリさんのおうち」(P.18)
黒のパスだけで描き始め、他の色のパスも足していきました。絵の具は土の色だけを出しています。

赤 緑 茶

●「クリスマス」

赤、緑、茶の3色で描き始め、必要に応じて他の色のパスや、白の絵の具を足しています。

画用紙によく映える色だけに限定する

先に蓋などに分けて入れ、準備しておくと使いやすいです。

●「雨降り♪ 傘をさしておでかけ」(P.22)

白画用紙によく映えるカラフルな濃い色（赤・青・緑・紫・橙）を選びました。

知っておこう！

パスとクレヨンの違い

似ているけれど、性質は全く違います！

パス		クレヨン
液状油脂分 多	成分	固形ワックス 多
柔らかくて伸びが良い	質感	少し硬く、ツルツルしている
線を描く／面を塗る／塗り重ねる／混色する	向いている描画	線を描く

色を重ねて、混色を楽しみながら描く

色の変化を楽しみながら描いていきます。楽しい混色の活動を通して、しっかりと力を入れて描いたり塗ったりするというパスの基本的な使い方が身についていきますね。

● 「ドーナッツ屋さん」(P.17)

白の混色を楽しみながら描いています。甘い色ができたと大喜びです。更に上からトッピングの飾りも重ねて描いています。

絵の具と併用して描く

絵の具に水を加え、薄く溶いておきましょう（P.26参照）。パスは水に溶けず、絵の具を弾くので、併用しても、にじんだり消えたりすることがないので、安心して使えますね。

● 「雨降り♪ 傘をさしておでかけ」(P.22)

絵の具の弾く感触がとてもおもしろかったようです。傘の模様や水たまりなどをパスで塗り、更に絵の具でも弾かせながら塗っていきました。

● 「働き者のミツバチくん」(P.20)

パスで描いた後に絵の具で塗るだけでなく、太陽や葉は絵の具で描いています。二つの画材を自分なりにうまく使い分けていますね。

パスで輪郭を描き、その中を絵の具で塗るといった指導をよく見かけますが、パスと絵の具の使い方を、線を描く、面を塗るというふうに分けるのではなく、どちらも描いたり塗ったりを楽しめる画材として併用しましょう。

絵の具と併用するときのポイント

▶ 絵の具の水加減

水が少な過ぎると弾きにくく、多過ぎると絵の具の美しさや弾く効果が見えづらくなります。

濃過ぎ	適度	薄め過ぎ

▶ 白の混色はNG！

ピンクや水色の絵の具を作るときには、赤や青に白を混ぜるのではなく、水を加えて色を薄めましょう。弾きやすく透明感もあってきれいです。

赤に水を加えたもの　　赤＋白

▼ 試しておこう

同じパスの色でも、絵の具との組み合わせで見え方が変わります。事前に試しましょう。

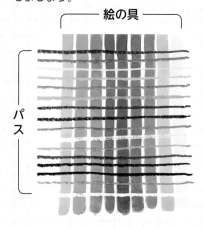

パス

どんぐりむらのお店屋さん

ドングリ拾いの経験や絵本をきっかけに、イメージを膨らませ、擬人化したドングリを主人公にお店屋さんを描いてみましょう。

用意するもの

● 画用紙（白、ベージュ　など。四つ切り）
● パス（クレパス、パステラ　など）

導入時におすすめ
絵本「どんぐりむらシリーズ」(Gakken)

① パスで描く

まずは、茶とこげ茶のパスで、ドングリやお店の様子などを描いてから、いろいろな色で塗ったり描いたりします。

活動を支えるヒント

導入の中で言葉のキャッチボールをしながら、一人ひとりのイメージを引き出し、自分なりの「どんぐりむら」を描けるようにしましょう。

子どもが描きたくなる♪
導入のことばがけ例

「どんぐりむら」のお話、いろいろなお店があって楽しかったね。
└ 絵本を振り返り、興味や関心を誘う

今から「どんぐりむらのお店屋さん」を描こうと思うんだけど、みんなは何屋さんがいいかな？
└ 発想を引き出す

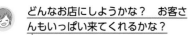ケーキ屋さん！　ピザ屋さん！…

どんなお店にしようかな？　お客さんもいっぱい来てくれるかな？
└ 発想を引き出す

２階建てにして、テイクアウトができたり、パーティーができたり…。

じゃあ、茶色とこげ茶をパスの蓋に入れて、残りのパスの上に重ねて二段ベッドのようにしようね。まずはこの２つの色を使って描いていこうね。他の色も使いたかったら下の段から出してね。塗るときには、しっかりと力を入れて丁寧にね。
└ 画材の使い方を伝える

子どものつぶやきがいっぱい！
一人ひとりの表現を読み取ろう

4・5歳児

「お部屋を飾ってパーティーしているの。そしてね…」

「ケーキ屋さん！　お誕生日のケーキを作っているんだよ」

ここに注目 イメージを膨らませ、お話作りを楽しみながら描いています。

「ピザ屋さん！　２階もあって…」

「仲良し３人組でお店のお留守番！」

3歳児

「おしゃれな帽子をかぶっているの」

パス

ウサギのお月見

お月見の行事や絵本などから興味をもって、イメージを膨らませます。団子を積み上げて、どんどん高くしていくのが楽しいですね。

用意するもの

● 色画用紙（黒、藍　など。四つ切り）
● パス（クレパス、パステラ　など）

導入時におすすめ
ペープサート

❶ パスで描く

まずは白のパスで描いたり塗ったりしてから、いろいろな色を足していきます。

活動を支えるヒント

黒など濃い色画用紙に、白のパスがよく映えます。しっかりと力を入れて描いたり塗ったりできるよう言葉を掛けましょう。

子どもが描きたくなる♪
導入のことばがけ例

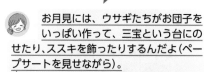

お月見には、ウサギたちがお団子をいっぱい作って、三宝という台にのせたり、ススキを飾ったりするんだよ（ペープサートを見せながら）。
└ 興味や関心を誘う

お団子をいっぱい積んだら、お月様まで届くかな〜？
└ イメージを膨らませる

お月様にいるウサギがびっくりするかも！

花火を上げたら、お団子がいっぱいあるのに気付いてくれるかもよ！

じゃあ、そんなお月見の絵を描こう！
まずは白いパスを出して、お団子やお月見しているウサギなどを描いていこうね。しっかりと力を入れて、丁寧に描いたり塗ったりしてね。他にも色が必要になったら出して使ってね。
└ 画材の使い方を伝える

子どものつぶやきがいっぱい！
一人ひとりの表現を読み取ろう

「大きな、真ん丸のお月様に、みんな大喜び！」

「お月見の夜、花火も上がって、大喜びしているの」

4・5歳児

「イチゴとあんこの入ったお団子、お月様まで届いたよ。レインボー色のススキもすてきでしょ」

ここに注目 広くあいた夜空の空間がとてもきれいです。

3歳児 「おいしくな〜れ」

ここに注目 気持ちを込めて、団子を白のパスでしっかりと塗っていきました。

15

パス

おいしいトマトができたよ

トマトを育てた経験をもとに、自分なりの思いを描いたり、お話作りを楽しみながら描いたりしましょう。

・ 用意するもの ・

- 白画用紙（四つ切り）
- パス（クレパス、パステラ　など）

① パスで描く

しっかりと力を入れて、線で描いたり塗ったりしていきます。

活動を支えるヒント

経験したことをそのまま絵に表すだけでなく、そこからイメージを膨らませてお話作りをしながら描いていくと、より楽しくなりますよ。

子どもが描きたくなる♪
導入のことばがけ例

 みんなで水やりをしたプチトマト、おいしそうな色になってきたね。
└ 経験を振り返る

今から、このプチトマトを描こうと思うんだけど、どんな色が必要かな？
└ 興味や関心を誘う

赤！　オレンジ！　まだ赤くなっていないのもあるから緑と黄緑も！

 じゃあ、「おいしくなあれ、おいしくなあれ」って優しく丁寧に色を塗ってあげてね。
└ 画材の使い方を伝える

おいしくなったトマト、誰か見に来るかもしれないね。
└ 発想を引き出す

カラスも、じっと見てたよ！チョウチョウも飛んで来たよ。

いろいろなお話を考えて描いても楽しいね。
└ イメージを広げる

子どものつぶやきがいっぱい！

一人ひとりの表現を読み取ろう

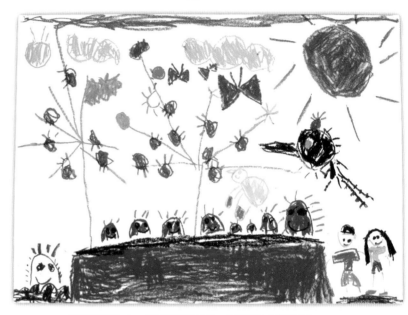

「モグラがひょっこり出てきたの。カラスも大喜び！」

ここに注目👈 プチトマトを育てた経験から、自分なりにイメージを広げ、お話作りを楽しみながら描いていきました。

4・5歳児

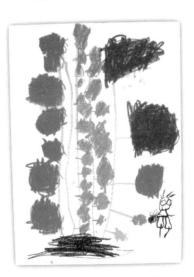

「おいしくなあれ！　おいしくなあれ！」

 ここに注目👈 気持ちを込めて、しっかりと丁寧にパスで塗っていきました。

「みんなで水やりしたよ」

パス

ドーナッツ屋さん

身近なおやつのドーナッツ。白いパスを重ねて塗ると、甘い感じの色ができますよ。更にトッピングも加えると、重ねて塗るのに夢中になるでしょう。

用意するもの

- 白画用紙 (四つ切り)
- パス (クレパス、パステラ など)
- ティッシュペーパー

1 パスで描く

ドーナッツを好きな色で描き、しっかりと塗ってから白のパスを塗り重ねます。お店の様子など、イメージを広げて描いていきましょう。

活動を支えるヒント

白のパスは塗り重ねていくと、いろいろな色がついて汚れてきます。ティッシュペーパーを用意し、汚れたら拭いて使うよう伝えましょう。

子どもが描きたくなる♪
導入のことばがけ例

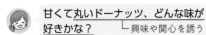

甘くて丸いドーナッツ、どんな味が好きかな？ └ 興味や関心を誘う

チョコレート！ イチゴ味！抹茶味もあるよ！

「おいしくな〜れ！」って気持ちを込めて、しっかりと塗ってみるよ。 └ 描いて見せながら、画材の使い方を伝える

今度は、「甘くな〜れ」って、白のパスを混ぜっこしてみるよ。パスが汚れたら、ティッシュペーパーで拭こうね。 └ 描いて見せながら、画材の使い方を伝える

あま〜い色になった！上にいろいろ、のってるのもあるよ！

じゃあ、上からもまたのせて、おいしくて甘いドーナッツを描いてみよう！

たくさん作ってドーナッツ屋さんにしたいな！

どんなお店にしようかな？誰と一緒に買いに行こうかな？ └ 発想を引き出す

お話も考えて描いていってね。

子どものつぶやきがいっぱい！
一人ひとりの表現を読み取ろう

4・5 歳児

「はい、いらっしゃい！甘くておいしいですよ！どれにいたしましょう」

ここに注目

白を塗り重ねるのが、とても楽しかったようで、しっかりと力を入れて丁寧に塗っています。

「大きなドーナッツの看板があるからすぐ分かるでしょ！一番上が食べる所」

ここに注目

お話が広がって楽しい絵になっています。

「いろいろな味のドーナッツがいっぱい！」

「本物みたいでしょ！」

17

アリさんのおうち

園庭などでアリを見つけ、アリの巣に興味をもった子どもたち。絵本などからもイメージを膨らませ、「アリさんのおうち」を描いていきます。ペープサートを使って、お話を広げていくのも楽しいですね。

用意するもの

- 白画用紙（四つ切り）
- パス（クレパス、パステラ　など）
- 絵の具（水で薄めておく）

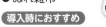
茶＋黄土
茶＋こげ茶
こげ茶＋黒（少々）

- 筆　●画板
- ぬれ雑巾

導入時におすすめ
・ペープサート
・絵本『ありこちゃんのおてつだい』（童心社）

子どもが描きたくなる♪
導入のことばがけ例

 公園のアリさんたち、一生懸命、何かを運んでいたね。
└ 興味や関心を誘う

甘いものが大好きだから、おやつを巣の中に運んでいるんだよ！

 巣の中は、どんなふうになっているのかな？
└ 発想を引き出す

まあるいお部屋がいっぱいあって、道でつながっているんだよ。

 どんなお部屋があるのかな？
└ 発想を引き出す

おやつをいっぱい置いておく所や、ご飯を食べる所、赤ちゃんのお部屋や、お風呂もあったりして…。

 じゃあ、そんなアリさんのおうちを描いてみようね。まずは、黒のパスで大きなお部屋や小さなお部屋を描いて道でつないでいこうね。その後、アリさんを描いて、おなかは、こんなふうにしっかりと塗ろうね（ペープサートを見せながら）。おうちの中の様子やお話も考えたら、どんどん描いていってね。いろいろな色でお菓子の色を塗ったり描いたりしてもいいね。土の色は、後で絵の具を用意するから待っててね。
└ 活動の流れや、画材の使い方を伝える

① 黒のパスで描く

アリの巣をイメージし、丸い穴の形を描き、道でつないでいきます。

➡ 自分なりにイメージを膨らませ、アリの暮らしている様子を描いていきます。

② いろいろな色のパスで描く

必要に応じていろいろな色のパスを出して、描いたり塗ったりします。

活動を支えるヒント

黒のパスは、しっかりと力を入れて丁寧に描いたり塗ったりするよう、言葉を掛けましょう。

③ 絵の具で塗る

茶系の絵の具で、土などを塗っていきます。

土を塗ることで、アリの巣の中が白く残り、描いたものがはっきりと浮かび上がります。

パス

子どものつぶやきがいっぱい！

一人ひとりの表現を読み取ろう

「ペロペロキャンディーをいっぱい集めたよ」

ここに
注目 パスが絵の具を弾くことにも気付いたようです。

「お部屋の中にはプールや遊び場もあって、とっても楽しいよ」

ここに
注目 お話作りを楽しみながら描いています。

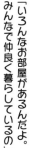「いろんなお部屋があるんだよ。みんなで仲良く暮らしているの」

「地面の下にアリの巣があるの。
だから黒のパスで、頑張って塗ったよ」

「かわいいアリさんの家族なの」

「おいしいあめちゃんがいっぱい！」

ここに
注目 絵の具でアリの顔を塗っています。土を塗るだけでなく、自分なりの考えで、絵の具を使えています。

「真ん中が女王アリの住む所！」

ここに
注目 放射線状に巣を広げているところが、おもしろいですね。

パス

働き者のミツバチくん

花から甘い蜜をたくさん集めてくるミツバチたち。絵本や図鑑などをきっかけにイメージを広げ、楽しいお話作りに展開しましょう。

用意するもの

- ●画用紙（白、うすピンク　など。四つ切り）
- ●パス（クレパス、パステラ　など）
- ●絵の具（水で薄めておく）

	青＋水色			黄＋橙（少々）
	緑＋黄緑（少々）			橙＋黄（少々）
	黄緑＋緑（少々）			赤＋橙

- ●筆　●画板　●ぬれ雑巾

導入時におすすめ
- ・ペープサート
- ・絵本『みつばちマーヤの冒険』（小学館）

子どもが描きたくなる♪
導入のことばがけ例

 ミツバチたち、しましま模様の服、かわいかったね。おしりにはツンととがった針が付いていて…（ペープサートを見せながら）。
└ 特徴を知らせる

刺されたら痛いよ！
触っちゃだめだよ！

そうだね。見つけても触らずに、お花の所に飛んで行けるように逃がしてあげようね。
ミツバチたちはどんなお仕事をしているのかな？
└ 発想を引き出す

いろいろなお花から、甘い蜜を取って集めているんだよ。

 どこに運ぶのかな？
└ 発想を引き出す

ハチの巣に運ぶんだよ！
女王バチが待っているんだよ！

 じゃあ、そんなミツバチたちのお話を考えて、描こうと思うんだけど、まずは、黒のパスで描いてから、いろいろな色で塗ったり描いたりしていこうね。色はパスでもいいし、後で絵の具も用意するから、自分で使いやすいほうを使ってね。
└ 活動の流れや、画材の使い方を伝える

① 黒のパスで描く

イメージを膨らませ、黒のパスで描いていきます。

② パスや絵の具で色をつける

いろいろな色のパスや絵の具を使って色をつけていきます。

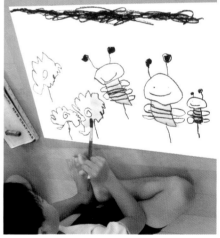

活動を支えるヒント

色は丁寧に塗ることを伝えますが、パスと絵の具の使い分けは、保育者が決めるのではなく、子どもたちに任せてみましょう。

「ハチミツをかばんに入れて、みんな落とさないようにね。
お母さんについて来なさ〜い」

ここに
注目 表情やお話がかわいらしく、ほのぼのとしています。絵
の具で描いたり塗ったり、画材もうまく使っていますね。

「黒い雲が出てきて、雨が降ってきたの！
早くおうちに帰らなきゃ！ 急げ！ 急げ！」

「あ！ お花を見つけた！ きっとおいしい蜜があるよ」

「不思議な木を発見！ 大きなお花もあるぞ！」

ここに
注目 色のパスで描いたり絵の具で塗ったり、
自分なりに画材を使い分けています。

「きれいな花びらがいっぱい！
ハチの巣もブランブラン…」

「サングラスを掛けて飛んでるミツバチくん」

「大きな大きなハチの巣！
蜜をた〜くさん集めたよ」

21

パス

雨降り♪　傘をさしておでかけ

自分の傘を手に持って雨の中を颯爽と歩きだし、水たまりを見つけては走り寄ってピョン！ とまたいだり、パシャパシャと入って行ったり。雨の日のワクワクする思いを、カラフルな色で表現してみましょう。

用意するもの

● 白画用紙（四つ切り）
● パス（クレパス、パステラ　など。赤・青・緑・紫・橙などカラフルで濃い色。P.12「パスの色を限定して描く」参照）
● 絵の具（水で薄めておく。様子に応じて色数を調整してください）

	紫＋ぼたん色	緑＋黄緑
	紫＋青	黄＋橙（少々）
	青＋紫（少々）	橙＋黄（少々）
	青＋緑	

● 筆　● 画板　● ぬれ雑巾

導入時におすすめ
・ペープサート
・絵本『ちいさなきいろいかさ』（金の星社）

子どもが描きたくなる♪
導入のことばがけ例

 今日は、パスの用意を先にしておきます。青、赤、紫、緑、橙色、全部で5つを蓋に入れてね。入ったかな？ └ 使用する画材を伝える
この5色は、白の画用紙に描くととってもきれいで、はっきりと鮮やかに見える色なんだよ。
└ 画材の特徴を伝える

 今朝は、たくさん雨が降って、園に来るとき、大変だったね。
└ 体験を振り返る

うん！ 傘をさして、レインコートも着て、長靴も履いてきたよ。

 このカラフルな色を使ったら、どんな傘が描けるかな？ └ 発想を引き出す

虹色の傘！

 虹色の雨が降ってきたら、きれいだろうね。
└ イメージを膨らませる

水たまりも虹色になるよ！

 傘はどんな形にしようかな？ 誰と一緒にお出掛けしようかな？
└ 発想を引き出す
画用紙は横にするか、縦にするかを決めたら描いていこうね。パスはしっかりと力を入れて描いてね。色を塗るときには丁寧にね。
└ 画材の使い方を伝える

① パスで描いたり塗ったりする

どんな傘にするのかをイメージし、自分なりの形や模様を描きます。傘をきっかけにイメージを膨らませ、お話作りを楽しみながら描いていきます。

活動を支えるヒント

子どもが描く傘の形は様々です。形を描くのが難しくて困っている子どもには、ペープサートでいろいろな傘の形を示すことで、自分のイメージの形を見つけられるようにしましょう。

② 絵の具で塗ったり描いたりする

絵の具を使い、雨や傘を塗ったり描いたりします。

活動を支えるヒント

✔ 「雨は水色」などといった概念に捉われず、自由に色を選べるようにしましょう。

✔ 子どもたちが絵の具の扱いに慣れていない場合は、少人数で取り組むのもいいでしょう。

✔ 絵の具を出すタイミングが早過ぎると、絵の具に気を取られ、パスでじっくりと落ち着いて描くことができなくなります。パスを使って描いたり塗ったりすることがしっかりとできてから、絵の具を出しましょう。

パスだけで

絵の具を出すことで乱雑になる場合は、パスだけで取り組んでもいいですね。

「傘をさして、みんなでお出掛け！」

「きれいな大きな傘に、動物たちが集まって来たの」

一人ひとりの表現を読み取ろう

「ハートの模様の傘だよ♡」

ここに注目 パスの上から絵の具を塗って、弾くのがおもしろかったようです。

 ここに注目 傘はパスでしっかりと塗り、雨の部分にだけ絵の具を重ねて塗りました。

ここに注目 色数はあまり使わずシンプルでかわいい絵ですね。丸い傘の部分にだけ絵の具を塗っています。

「きれいな傘でしょ！
虹色の傘だよ」

「絵の具、楽しいな。いろいろな色の雨が降っているの」

「お日様が出てきたから、お外に遊びに行こうかな」

 ここに注目 雨から晴れるまでの様子を、一枚の絵の中に表現しています。

ここに注目 横一本の線で傘を表現しています。傘の中にだけ雨を描いているのも、おもしろいですね。

23

パス

きれいな花火だよ！

夏になると、花火ができることを楽しみにしている子どもたち。線香花火や打ち上げ花火、地域での花火大会など、大好きな花火の経験をもとに、描いてみましょう。絵本の読み聞かせなどを取り入れてもいいですね。

用意するもの

- ● 白画用紙（四つ切り）
- ● パス（クレパス、パステラ　など）
- ● 絵の具（墨汁の上でもきれいに発色するよう、白が混ざった色を用意するか、少量の白を足す）

黄緑＋水色	紫＋ピンク
黄＋白	紫＋水色
赤＋白	水色
薄橙＋ピンク	

- ● 墨汁（原液と水で薄めたものの2色を用意し、濃淡が分かるよう、カップに印を付けておく）

薄い　濃い

- ● 筆　● 画板　● ぬれ雑巾

子どもが描きたくなる♪
導入のことばがけ例

 みんな心待ちにしていた花火！　きれいだったね。終わったら、水の入ったバケツに入れて片付けもできたね。└ 経験を振り返る

花火大会でね、すごく大きな花火も上がったよ。

 じゃあ、きれいな花火をパスで描いてみようか！　夜空に上がる大きな花火や手に持つ花火、どんな花火がいいかな？　誰と一緒に見ようかな？└ 発想を引き出す

大きな花火！　みんなで一緒に！

 シュルシュル…パーンと花火が上がる様子も、慌てずゆっくりと描こうね。花火の真ん中など、パスで塗る所は力を入れて丁寧にね。└ パスの使い方を伝える
あとで黒い墨を出すから、夜空を塗りたい人は待っていてね。└ 追加の画材を伝える

墨汁や絵の具を出すとき

 真っ黒と薄い黒の2つがあるから、カップに印を付けておくね。パスで描いた所のギリギリまで塗らずに、白い所をあけながら塗るときれいだよ。└ 墨汁の使い方を伝える
絵の具も出すから、暗いお空の上やパスの上からも描きたかったらどうぞ。└ 画材の追加を知らせる

① パスで描く

花火の美しさや花火をしている様子を、パスで描いていきます。

> **活動を支えるヒント**
>
> パスを使うときの基本として、しっかりと力を入れて線を引くこと、丁寧に面を塗ることを指導しましょう。

② 墨汁で夜空を塗る

パスで描いた所を避けて、夜空を墨で塗ります。

> **活動を支えるヒント**
>
> パスで描いた所の周りを白く残しながら塗ることを伝えましょう。花火や人物などが浮かび上がります。

③ 絵の具で描く

墨汁で塗った上に重ねて描いたり、パスで描いた所に色を足したりします。

> **活動を支えるヒント**
>
> ✔ 墨汁は短時間で乾くので、その上に絵の具で描くことができます。
> ✔ 絵の具には白が混ざっているので、色が沈まず、華やかさが増します。

花火などはうまく残しながら、夜空を黒く塗り、絵の具で色を足しています。

「私の花火、とってもきれいでしょ♡」

ここに
注目👆 人物の周りだけに墨汁を塗り、夜空を表現しました。

「ドーン！　ドーン！打ち上げ花火の音に、驚いているの」

ここに
注目👆 墨汁で塗った夜空に、絵の具の色がきれいに映えています。

ここに
注目👆

人物もカラフルで、かわいい表現です。

「ドーン！　大きな大きな打ち上げ花火！」

「お空高〜く、花火が上がったの！」

「花火がお空いっぱいに広がったよ」

ここに
注目👆 空の高さを表現するために、画用紙を縦に使っています。

パスだけで

墨汁や絵の具を加えず、パスだけでも花火の雰囲気が伝わります。子どもの様子に合わせた取り組み方を考えましょう。

「ハートの花火、かわいいでしょ♡」

「線香花火を保育園でしたよ。ちゃんとバケツにお水を入れて。お空にもこんなきれいな花火を描いてあげたよ。」

絵の具

絵の具は筆を滑らせるときの感触が良く、線で描いたり面を塗ったりといった表現を楽しめる画材です。絵の具の気持ち良さに触れ、描くことに興味や関心をもって楽しく描けるようにしましょう。

絵の具を扱うときのコツ

溶き方と量

絵の具を容器に入れ、少しずつ水を加えながら筆で溶き伸ばします。一度にたくさんの水を加えてしまうと、濃度が均一になりにくいので、少しずつ加えていきましょう。絵の具の量が多過ぎると、筆の持ち手が汚れます。たくさん使うときは、別の容器に予備の絵の具を溶いておき、なくなったら補充するようにしましょう。

水は少しずつ加えて
筆で溶き伸ばしましょう

濃度

水の量を多くすると、透明感が出てさらりと描け、水の量を少なくすると、不透明でトロトロとした生クリームのような感触を味わえます。いろいろな濃度の絵の具を作って試してみましょう。

ペンやパスで描いて
絵の具で色をつける

絵を描いたり、面を塗ったり

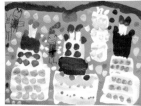

重ねて塗る

筆を使うときの約束事

①金具の少し上を持ち、寝かさずに立てて使いましょう。
②筆から絵の具がポタポタ垂れないように、容器の縁で余分な絵の具を落としましょう。
③筆を持って移動するときは、床に絵の具を落とさないよう、反対の手を下に添えましょう。
④使った筆は、必ず元の容器（同じ色）に戻しましょう。

① 立てて使う
② 余分な絵の具を落とす
③ 手をお皿に
④ 元の容器に戻す

筆の後始末

筆の根元に絵の具が残らないよう、水でしっかりと洗います。長時間、絵の具のカップに漬けたままにしておくと、筆先が曲がったり痛んだりします。できるだけ早めに洗いましょう。
洗い終わった筆は、乾いた雑巾の上に並べて干します。乾かないうちにカップなどに立てると、筆の根元に洗い残しの絵の具や水がたまって筆が痛む原因になります。

乾いた雑巾

筆の根元に
絵の具と水が
たまる

穂先が
曲がる

色作りのコツ

ひと言で〇〇色と言っても、そこには大きな幅があります。
加える色の分量を変えて、様々に作ってみましょう。

⟵ 黄を混ぜる　　黄緑　　青を混ぜる ⟶

近い色の組み合わせ　鮮やかでより美しい色に

青+緑　　黄緑+緑　　黄+山吹　　山吹+橙　　赤+橙　　赤+ぼたん色　　ぼたん色+紫　　紫+水色　　紫+青

 知っておこう！
- ●紫は、赤と青を混ぜると渋い色合いになります。鮮やかな色が必要な場合には市販の紫を使いましょう。
- ●ぼたん色は、プリンターインクのマゼンタに近い色です。赤の代わりに使うと、とてもきれいです。

白との組み合わせ　明るく柔らかな色に

白+ピンク+紫　　白+ピンク+うす橙　　白+黄+山吹　　白+水色+黄緑

黒との組み合わせ　ごく少量を混ぜると深みのある色に

黄+黒（ごく少量）　　赤+黒（ごく少量）　　青+黒（ごく少量）

 知っておこう！
黒や紺などの濃い色の画用紙との相性が抜群！ 発色が良くきれいです。
（P.24「きれいな花火だよ！」、P.40「ぽんぽこタヌキがやってきた」）

黄土との組み合わせ　落ち着いた色に

黄土+黄緑　　黄土+緑　　黄土+赤

灰色との組み合わせ　少し色味を加えるときれい

灰色+ピンク+白　　灰色+黄+白　　灰色+水色+白

うす橙との組み合わせ　肌の色も様々に

うす橙+黄緑（少量）+白　　うす橙+黄土+白　　うす橙+ピンク+白

きれいな色を早くたくさん作るには？

1. まずは基本の色を選び、水を加えて濃度を先に調整しておきます。
2. 1で溶いた絵の具をグラデーション（例：黄・橙・赤・紫・青・緑・黄緑）になるよう並べます。
3. 隣り合う色を混ぜていくと、濁らずきれいな色ができます。間の色をどんどん増やしていきましょう。
4. できた色に白やごく少量の黒などを加えると、さらに色味が変わってきます。白なども濃度を同じに調整しておくといいですね。

絵の具

長いお耳のウサギさん

耳の長いウサギ。その特徴を形に表し、自分なりにイメージをもって描いていきましょう。

用意するもの

- ●白画用紙（四つ切り）
- ●絵の具（ピンク＋橙、ピンク＋赤）
- ●筆 ●画板 ●ぬれ雑巾

① 絵の具で描く

用意した絵の具から色を選び、自分なりにイメージしたウサギを描いていきます。

活動を支えるヒント

同系色で2～3色用意しておきます。混ざったり、筆を戻すカップを間違えたりしても、色は濁らず安心して使えます。まずは、絵の具で描く心地良さを体感できるようにしましょう。

子どもが描きたくなる♪
導入のことばがけ例

（園で飼っているウサギや、絵本などに出てくるウサギを振り返りながら）ウサギってかわいいね。

耳が長くて、ピョンピョン跳ねるんだよ。

長いお耳で、きっとみんなの声も聞こえているね。
ウサギは、お月見にはお月様の中にいるのかな？
└ イメージを膨らませる

お餅をついているんだよ。
お団子も食べているのかなあ。

じゃあ、みんなの大好きな絵の具でウサギを描いてみよう。
└ 活動内容を伝える

絵の具はポタポタ落とさないようにカップの縁でゴシゴシしてね。
それから、手をお皿にして、画用紙の所まで持っていこうね。使った筆は元の色に戻してね。
└ 絵の具や筆の扱い方などを伝える

子どものつぶやきがいっぱい！
一人ひとりの表現を読み取ろう

「フワフワの毛がいっぱいで気持ち良いよ」

3
歳児

「ウサギさんの家族なの。耳がピョ～ン！」

 丸く囲った線は月を表します。勢いのあるきれいな線ですね。一色だけで一気に描き上げました。

「お月様にいるんだよ」

「お団子たくさんあげたよ。ありがとうって言っているの」

28

絵の具

迫力いっぱい！　消防車

絵本の中での消防車も魅力的ですが、実際に見てみると、その迫力に驚かされます。特徴を捉えて描いてみましょう。

用意するもの

- 白画用紙（四つ切り）
- 絵の具（赤＋朱、灰色、黒、白＋青）
- 筆　● 画板　● ぬれ雑巾

1 絵の具で描く

赤の絵の具で車体を描き、他の色も加えて自分なりの消防車を表現していきます。

活動を支えるヒント

- ✔ まずは赤の絵の具から出し、少しタイミングをずらして、他の色の絵の具を出します。
- ✔ 消防車の特徴や形をどのように表すか、一人ひとりの表現を受け止め、ゆったりと関わりましょう。

子どもが描きたくなる♪
導入のことばがけ例

（実際に消防車を見た経験や絵本などを振り返りながら）
消防車、かっこよかったね。
└ 興味や関心を誘う
みんなの大好きな絵の具で描いてみようと思うんだけど、どんな色が必要かな？
└ 活動内容を伝える。特徴について振り返る

赤！　タイヤの黒！　はしごの色！
お水の色も！

じゃあ、用意するね。
絵の具はポタポタ落とさないようにカップの縁でゴシゴシしてね。それから、手をお皿にして画用紙の所まで持っていこうね。使った筆は元の色に戻してね。
└ 絵の具や筆の扱い方などを伝える

子どものつぶやきがいっぱい！
一人ひとりの表現を読み取ろう

3歳児

「助けに行くよ！　火を消すぞ〜！」

「みんなを守る消防車」

ここに注目 中には消防士も乗っています。頭足人がかわいいですね。

「今日も元気に出動だ〜！」

「はしご車でみんなを助けに行くよ」

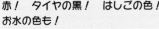

絵の具

ザリガニさんとお友達

ザリガニを飼育している場合には、お世話をする中で感じたり気付いたりしたことを、話し合う機会をもてるといいですね。更に、絵本などをきっかけにイメージを膨らませ、お話作りを楽しみながら描けるようにしましょう。

用意するもの

- 白画用紙（四つ切り）
- 絵の具

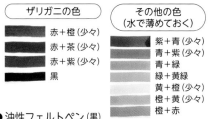

ザリガニの色		その他の色 （水で薄めておく）	
	赤＋橙（少々）		紫＋青（少々）
	赤＋茶（少々）		青＋紫（少々）
	赤＋紫（少々）		青＋緑
	黒		緑＋黄緑
			黄＋橙（少々）
			橙＋黄（少々）
			橙＋赤

- 油性フェルトペン（黒）
- 筆 ● 画板 ●ぬれ雑巾

導入時におすすめ
絵本『ざりがにのあかくん』（童心社）

子どもが描きたくなる♪
導入のことばがけ例

 みんなが大事に飼っているザリガニくん、爪はどんな形かな？
└ 興味や関心を誘う

大きくてチョキチョキしてる！

 足や体、しっぽはどうなっている？
└ 興味や関心を誘う

足は１・２・３・４…。体がクルリンとなって丸まったよ！　しっぽはハートの形みたい！　長いおひげもあるよ！

 絵本の中の『ざりがにのあかくん』、楽しそうだったね。みんなのザリガニもいろいろな生き物がいる沼に連れて行ってあげたら友達もいっぱいできるかな？
└ 発想を引き出す

うん！　水草もたくさん食べられるしね。

 じゃあ、絵の具でザリガニを描こう！赤い絵の具はいろいろな種類を用意したよ。筆を元の色の所に戻すのは難しいけど、もし間違っても、よく似ている色だから大丈夫だよ。黒だけは注意して黒の所に戻してね。ザリガニが描けたら、黒のペンで、沼の中の友達や水草なども描いていこうね。ペンで描いたら色もつけていけるよう、いろいろな色の絵の具を用意しておくね。
└ 活動の流れや、画材の使い方を伝える

① 絵の具でザリガニを描く

赤系と黒の絵の具でザリガニを描きます。

活動を支えるヒント
- ✔ しっかりと観察してそっくりに描くことを求めるのではありません。一人ひとりの思いがあふれたそれぞれの形や表現になることが大切です。
- ✔ 赤系の絵の具は混色をして３色程度、用意しておきます。使った筆は元の容器に戻すよう指導するのは基本ですが、色味が似ているため、間違っても大丈夫なことを伝え、心地良く使えるようにしましょう。黒だけは赤系の絵の具の容器に入れないよう気を付けましょう。

活動を支えるヒント
- ✔ 目や口は、絵の具でそのまま描いてもいいですが、顔を塗り込んだ場合には、絵の具が乾いてから黒の絵の具やペンで描くよう伝えましょう。
- ✔ 「どんな生き物と友達になったのかな？」「何をして遊んでいるのかな？」など、イメージを広げ、描くことが楽しくなるようなことばがけを工夫しましょう。

② 油性フェルトペン（黒）で描く

イメージを膨らませ、お話作りを楽しみながら描いていきます。

③ 絵の具で色をつける

水で薄めた絵の具を使い、色を塗ったり描いたりします。

一人ひとりの表現を読み取ろう

「カメさんが遊ぼって言っているの」

ここに注目 しっぽを描く場所がなくなり、少し考え込んでいましたが、「ピョイ！」といって右側に描きました。画面に動きが出て、すてきな絵になりましたね。

「背中のところが一つずつつながっているの」

ここに注目 赤系の絵の具を3色使い、色味の違いを確かめながら描いています。

「おたまじゃくしもお友達になったの」

ここに注目 擬人化したかわいいザリガニです。爪の部分が手になっています。顔は塗らずに、絵の具で目や口を描きました。

「足がいっぱい」

ここに注目 筆使いがとても軽やかで、優しい感じの絵になっています。

「みんなとお友達になって一緒に泳いでいるの」

ここに注目 薄い緑色の絵の具で巡るような線を描いて、泳いでいる様子を表しています。

「しっぽをクルリンって動かしたの。
水の中の生き物もびっくり！」

ここに注目 ザリガニの形がおもしろいですね。目や口は絵の具が乾いてから、ペンで描きました。

「みんなこっちにおいで～！」

31

おいしいスイカとアリさん

絵本『ありとすいか』を読んで、興味をもった子どもたち。絵本の楽しさがきっかけとなりましたが、スイカを食べたり切っているところを見たりした経験も、絵の中に生かされていきます。自分なりにイメージを膨らませて描けるようにしましょう。

用意するもの

- 白画用紙（四つ切り）
- 絵の具

■	赤＋橙（少々）
■	赤＋橙
□	黄＋山吹
■	黄緑＋緑（少々）
■	緑＋黄緑（少々）
■	緑＋青（少々）

- パスまたはクレヨン　● 筆
- 画板　● ぬれ雑巾

導入時におすすめ
・絵本『ありとすいか』（ポプラ社）

子どもが描きたくなる♪

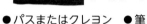
導入のことばがけ例

 『ありとすいか』のお話、楽しかったね。どんなお話だったっけ？
└ 絵本を振り返りながらイメージを膨らませる

大きなスイカだったけど、アリさんたちみんなで上まで登って、小さくして巣に運んで行ったんだよ。

 みんなはスイカを食べるときに、どんなふうに切ってもらっているの？
└ 形への興味を誘う

半分に半分に、切っていくんだよ。三角に切ったり、小さく切ったり。白い所はおいしくないよ。

そんなスイカを絵の具で描いてみようと思うんだけど、絵の具のスイカも、緑の皮と赤い所がくっ付くと、黒く濁っておいしくなくなるんだ。だから、こんなふうに、くっ付かないように、ちょっとあけておいてね。
└ 実際に描いて見せながら、画材の使い方を伝える

種や皮のしま模様は、絵の具が乾いてから描こうね。
スイカが描けたら、パスでアリや自分で考えたお話を描いていこうね。
└ 活動の流れを伝える

1 絵の具でスイカを描く

赤や黄色と緑が混ざらないよう、少し隙間をあけて描いていきます。

2 パスで描く

イメージを膨らませ、パスで描いていきます。

活動を支えるヒント

種や皮の模様は、絵の具が乾いてからパスで描くよう、言葉を掛けましょう。乾くまでじっと待つのではなく、周りのお話をパスで描きながら、乾いたかどうかを子どもが自分で判断して進められるようにしましょう。
絵本のお話を忠実に再現することにとらわれ過ぎず、絵本を元に、自分なりのイメージを広げ、お話作りを楽しみながら描けるといいですね。

「スイカの白い所にアリさんが住んでいて、卵をいっぱい隠しているの」

一人ひとりの表現を読み取ろう

「アリさんたちが靴を脱いで、スイカに登っているの」

ここに
注目　右下にあるのはアリたちの靴です。「靴を脱いで」
という発想に、日頃の生活が反映していますね。

「よいしょ、よいしょ、アリさんたちが一生懸命運んでいるの」

「アリさんたち、大集合！
クワガタもやって来たよ」

「スイカがいっぱい！　アリさんも大忙し！」

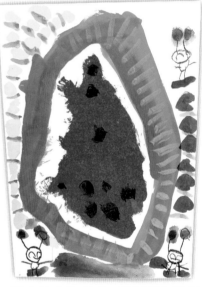

「小さくしたスイカを、アリの巣まで運ぶ
んだ。黄色いのもおいしそうでしょ。大き
いのは、ウォーターシュートだ～！」

ここに
注目　絵本の内容がとても楽しかったようで、
思い出しながら描いています。

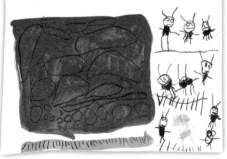

「大きなスイカをヨイショ！　ヨイショ！
運んでいるの。アリさんたち頑張れ！」

ここに
注目　四角形のスイカがおもしろいですね。

「アリの巣までの道を
描いておかなくっちゃ」

ここに
注目　緑の絵の具でクネクネ曲
がった道を描きました。

33

絵の具

ブドウのマンション

秋になると、いろいろな種類のブドウが店頭に並びます。おやつで食べたり、ブドウ狩りに出掛けたり…子どもにとって、身近に感じられる果物です。また、丸い形の繰り返しは描きやすく、どの子どもにも取り組みやすいテーマです。キノコやパプリカのおうちにしてもいいですね。

用意するもの

- 白画用紙 (四つ切り)
- 絵の具 (赤と青を混ぜて紫を作ると、沈んだ紫に。市販の紫を使用すると明るい感じに)

緑 系		紫 系	
	黄緑＋黄 (少々)		紫＋青 (少々)
	黄緑＋緑 (少々)		紫＋赤 (少々)
	黄緑＋水色 (少々)		紫＋ぼたん色 (少々)

- パスまたはクレヨン、カラーフェルトペン など
- 筆 ● 画板 ● ぬれ雑巾

子どもが描きたくなる♪
導入のことばがけ例

 お店にブドウがたくさん売られていたんだけどね、どんな色だったと思う？ └ 興味や関心を誘う

緑！ 紫！ ちょっと黒い感じの色のもあるよ！

 そうだね。小さい粒や大きい粒がいっぱい集まっていて、ブドウのマンションみたいだったよ。中に小さな小人が住んでいたらおもしろいだろうなあ。 └ 発想を引き出す

種もあって電気になったりして！

 おもしろいね！ マンションだから他にも何があるかな？ └ 発想を引き出す

ベッドやテレビ！ キッチン！ はしごや階段も！ 上のほうからクルクル…ツルで滑って降りて来られるよ！

 じゃあ、そんなブドウのマンションを絵の具で描いてみようか！ 緑を3つ、紫を3つ、絵の具を用意したから、好きな色を使ってね。線がかすれないように、ゆっくりと丁寧に描こうね。お留守でいないお部屋は、塗ってもいいね。また帰ってきたときには、絵の具が乾いてから上からも描けるしね。 └ 実際に描いて見せながら、画材の使い方を伝える

絵の具でブドウが描けたら、小人やお部屋の様子は、ペンで描いていこうね。 └ 活動の流れを伝える

① 絵の具でブドウのマンションを描く

かすれないよう、ゆっくりと丁寧に丸い部屋を描いたり、留守の部屋を塗ったりします。

② カラーフェルトペンまたはパスで描く

部屋の中の様子など、イメージを広げながら描いていきます。

活動を支えるヒント

ペンとパスは併用せず、どちらか一方を使います。どちらが適しているかは、子どもたちのふだんの様子から判断し、保育者が決めるといいですね。

活動を支えるヒント

右の絵のように、絵の具で塗った上にペンやパスで描くときには、乾くまで待つよう言葉を掛けましょう。待っている間に、周りから描き進められますね。

「お留守だったお部屋にも、帰って来たの」

キノコのおうち

パプリカのおうち

① 絵の具でキノコまたは
　パプリカのおうちを描く

② パスまたはペンで描く

活動を支えるヒント

いろいろな物をおうちに見立てて描くと楽しいですね。身近に感じる物をテーマにして取り組んでみましょう。

パプリカの断面からイメージを膨らませました。

子どものつぶやきがいっぱい！

一人ひとりの表現を読み取ろう

 4・5歳児

「黄色い種が、電気みたいに光っているの」

ここに注目

ブドウに種があることが印象的だったようです。

ここに注目 ペンの色は青と緑だけを使っているので、色の調子が整い、落ち着いた雰囲気になっています。

ここに注目

ブドウのおうちの中には、お風呂やベッドなどがあり、生活の様子が丁寧に描かれています。

「オレンジ色は電気だよ」

「黄色い階段を上っていくと、玄関があるので、そこから入ってね」

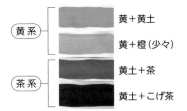

首のなが〜い キリンさん

キリンの特徴を話し合うことから始めます。動物園に行って実際に見たことがある子、テレビなどの映像で見たことがある子、絵本に出てくるキリンに興味をもった子など様々ですが、それぞれの印象を話し合い、描くことにつなげましょう。

用意するもの

- 白画用紙（四つ切り）
- 絵の具

黄系	黄＋黄土
	黄＋橙（少々）
茶系	黄土＋茶
	黄土＋こげ茶

- パスまたはクレヨン　● 筆　● 画板
- ぬれ雑巾

子どもが描きたくなる♪
導入のことばがけ例

 キリンってどんな動物だったかな？
└ 経験を振り返り、興味や関心を誘う

首がなが〜いよ！　頭には角があって…。耳もあるよ。

 絵の具でキリンを描こうと思うんだけど、どんな色が必要かな？
└ 興味や関心を誘う

黄色！　それから、体の模様の色も！

じゃあ、まずはキリンの黄色を用意するね。顔や長い首、体を塗ったら模様も描いて…。目や口は、絵の具でもパスでも自分で描きやすいものを使ってね。
└ 画材の使い方を伝える

 キリンが描けたら、どんなお話にする？

みんなで一緒に遊んでいるところ！　エサをあげているところ！

 長い首を下ろして食べるのかな？

木の上になっているリンゴは、背が高いから届くんだよ。

 じゃあ、背中に乗せてもらって、首を上らせてもらったら、みんなもリンゴの木に届くかもね。そんな様子は、絵の具でキリンが描けてから、パスで描いてね。
└ 活動の流れを伝える

（発想を引き出す）

① 絵の具でキリンを描く

黄系の絵の具で塗りながら、キリンを描いていきます。

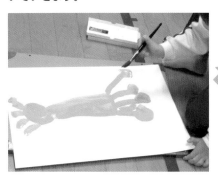

② パスで描く

イメージを膨らませ、お話作りを楽しみながら描いていきます。

茶系の絵の具で、キリンの模様などを描きます。

活動を支えるヒント

✔ 絵の具に不慣れな場合は、保育者が前で描きながら、絵の具の使い方を話してもいいですが、「見本」「お手本」といった印象にならないよう、子どもの言葉も拾いながら進めていきましょう。

✔ 体の模様などは少々にじんでも大丈夫です。目や口などは黄系の絵の具が乾いてから描こう、言葉を掛けましょう。

活動を支えるヒント

導入の中で、言葉のキャッチボールをしながら、一人ひとりのイメージを引き出していきましょう。子どもから出たアイディアを拾いながら広めていくと、お話作りが楽しくなります。

活動を支えるヒント

濃い色画用紙もきれいです。黄系の絵の具には、少し白を混ぜています。

一人ひとりの表現を読み取ろう

「はしごを上ると、ごちそうが いっぱい！　あ！　雨が降って きた〜！」

ここに注目

お話作りを楽しみながら 描いています。

「キリンさんの背中に乗れたよ。 空には虹が掛かっていてきれい！」

「よっこらせ。 ちょっと座って休憩」

「キリンさんがね、 リンゴを探しているの」

ここに注目

黄色の絵の具だけを使 い、後は全てパスで描 いています。

絵の具だけで

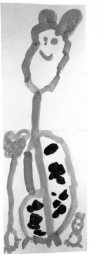

ここに注目

細長い画用紙にキリン がピッタリ！　八つ切 り画用紙2枚を縦につ なぎ合わせたり、四つ 切りを縦半分に切った りして使います。

ここに注目　首と体が一体になっています。

ここに注目　シンプルでとても かわいい表現です。

37

ライオンの王様

ライオンの大きさやたてがみの特徴、揺れるしっぽの様子や食べ物など、導入の中で子どもたちとやり取りをしながら、一人ひとりのイメージが広がるようにしましょう。動物園に行った経験や絵本を読んだことなどをきっかけに描けるといいですね。

用意するもの

● 画用紙（白、うすクリーム　など。四つ切り）
● 絵の具

黄＋黄土	茶＋こげ茶
黄土＋茶（少々）	こげ茶＋黄土
茶＋黄土（少々）	

● パスまたはクレヨン　● 筆
● 画板　● ぬれ雑巾

導入時におすすめ
絵本『ジオジオのかんむり』（福音館書店）

子どもが描きたくなる♪
導入のことばがけ例

 ライオンってどんな動物だったかな？
└ 経験を振り返り、興味や関心を誘う

 大きくて強いんだよ！　ガオー！お肉をいっぱい食べるの。

 王様のライオンは、たてがみがフサフサしていてかっこいいよね。じゃあ、しっぽは？
└ 特徴を振り返り、興味や関心を誘う

 先にフサフサが付いていて、歩くときにユラユラ揺れるんだ！　のしのしって歩いていたよ。

 そんなライオンのお話を作って描いてみようと思うんだけど、どんなお話にしようかな？
└ 発想を引き出す

 絵本のライオンみたいに優しい王様のライオンにしようかなあ…。みんなと友達になって…。

 じゃあまずは、この絵の具でライオンを描いて、それからお話をたくさん考えて、パスでも描いていってね。
└ 活動の流れを伝える
絵の具はポタポタ落とさないように、カップの縁でゴシゴシ！　それから、手をお皿にして、画用紙の所まで持って行こうね。使った筆は、元の色に戻してね。
└ 画材の使い方を伝える

① 絵の具でライオンを描く

いろいろな茶系の色を使って、描いたり塗ったりしながら、ライオンを描きます。

② パスで描く

自分なりにイメージを広げ、描き進めていきます。

活動を支えるヒント

顔の中を絵の具で塗ったときには、乾くのを待って、目や口を描くように伝えます。乾くのを待っている間は、他の所を描いていくよう、言葉を掛けましょう。

活動を支えるヒント

ライオンの顔は、絵の具で一気に描いたり、パスと組み合わせたり、いろいろな表現方法がありますね。描き方を決めて指導するのではなく、それぞれの描き方で進められるようにしましょう。

絵の具で大きく顔を描き、目や口も一気に絵の具で描きあげました。

目や口はパスで描いています。

塗った絵の具が乾いてから、パスで目や口を描いています。

一人ひとりの表現を読み取ろう

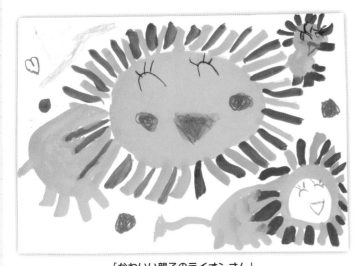

「かわいい親子のライオンさん」

ここに注目 一匹ずつ、とても丁寧に描いています。

「たてがみが、モシャモシャ…。風に吹かれているの」

ここに注目 筆に勢いがあり、たてがみの雰囲気がよく出ていますね。

「雨が降ってきて大変だ！　早くおうちに帰らなきゃ」

「優しいライオンの王様。森の動物たちが、お土産を持って来てくれたよ。」

ここに注目

左側の木も絵の具で描いています。自分で考えて絵の具を使っているところがすてきですね。

絵の具だけで

ここに注目 下の4本は足です。優しい小さな声で話してくれました。この子の個性があふれた逸品です。子どもの絵は大きくダイナミックなものだけでなく、つぶやくようなかわいい絵もありますね。

「ガオー！　強いライオンさん」

「しっぽを振ってご挨拶しているの」

「しっぽがね、ピピ、ピピって動いたの。足が1・2・3・4」

絵の具

ぽんぽこタヌキがやってきた

お月見の頃、ウサギのところに遊びにやって来たタヌキの素話を子どもたちと一緒に作りました。目、おなか、しっぽを自慢するタヌキ。さて、どんなお話に展開するか楽しみです。

用意するもの

- ●画用紙（藍色、黒、白　など。四つ切り）
- ●絵の具（茶系の絵の具にはうす橙を混ぜる）
　※うす橙には白が入っているので、濃い色の
　　画用紙の上にも絵の具の色が映えます。

茶＋うす橙	
茶＋黄土＋うす橙	
黄土＋うす橙	
黄土＋黄緑	

- ●パスまたはクレヨン　●筆
- ●画板　●ぬれ雑巾

導入時におすすめ
ペープサート

子どもが描きたくなる♪
導入のことばがけ例

 食いしん坊のぽんぽこタヌキだよ！
（ペープサートを見せながら）
お月見の頃にはお団子が食べたくて、山から下りてくるんだよ。└ 興味や関心を誘う

サングラスを掛けているみたい！

 そう！　タヌキの自慢はこの目と、大きなしっぽと、太鼓のようなおなか！└ 特徴を話し、興味や関心を誘う
もしもタヌキがみんなのところに遊びに来たら、どうする？└ 発想を引き出す

遊園地に連れて行ってあげたり、おやつを一緒に食べたりするよ！

じゃあ、まずは絵の具でタヌキを描いたら、たくさんお話を考えてパスで描いていってね。もしも先にめがねみたいな所を塗ったら、乾いてからパスで目を描いてね。
└ ペープサートを見せながら、画材の使い方を伝える

画用紙は白と藍色と黒を用意したよ。夜のお話にするなら、黒や藍色が似合うかもね。
└ 画用紙の色からイメージを膨らませる

❶ 絵の具でタヌキを描く

絵の具で描いたり塗ったりしながら、タヌキを描きます。

❷ パスで描く

イメージを膨らませ、お話作りを楽しみながらパスで描いていきます。

➡ タヌキの目などは、絵の具が乾くのを待ってパスで描きました。

活動を支えるヒント

ススキの色の絵の具は、少し描き進めた頃に出しました。お月見のお話をきっかけに、秋の自然にふれたり、絵本や図鑑などで秋の草花にも興味をもったりできるといいですね。

「ぼくたち仲良し2人組。ススキの中で遊んでいるの」

ここに注目 ススキはパスで描いていましたが、絵の具にも挑戦！最初は太くなりましたが、筆を立てて描くよう伝えると、どんどん細いススキが描けるようになり、大満足でした。

「タヌキさんがガチャポンを回しているの。ウサギさんとすっかり仲良しになったよ。お月様は真ん丸、お星様もいっぱい！」

ここに注目 先に出した絵の具で、タヌキだけでなくガチャポンやお月様まで描き、ススキと同じ絵の具の色で点を打って星を描いています。概念的な色にとらわれず、うまく使いこなしていますね。

「遊園地に連れて行ってあげたら、大喜びしているの。黄緑色のサングラス、かっこいいでしょ！」

ここに注目 顔の上に垂れた絵の具を少し困った表情で見ていましたが、「忍者みたいになった！」と気持ちを取り直して描き進めました。

「フルーツいっぱい！　たくさん食べてね」

「お団子の周りに集まって、ウサギさんたちとお月見しているの」

「お月様の中でウサギがお餅つきしているよ。木に登ってみんなにあげるお餅を運んでいるの。タヌキは頑張れって応援しているの」

ここに注目 お月見のお話と合わせながら、自分なりにイメージを膨らませて描いています。

「さあ、今からお出掛け！　雨が降ってきて大変だ！」

ここに注目 乾いた絵の具の上からパスで描き、工夫しながら絵の具とパスをうまく使い分けています。

絵の具

サンタとトナカイからのプレゼント

赤、茶、白の絵の具を使い、たっぷりの絵の具の感触を楽しみながら、サンタやトナカイなどを描いていきます。パスで描き加えていくことで、イメージを広げ、楽しいクリスマスの様子を表現できるようにしましょう。

用意するもの

- ● 色画用紙（うすピンク、橙、クリーム　など。四つ切り）
- ● 絵の具

　　白
　　赤＋ぼたん色
　　赤＋橙
　　茶＋黄土
　　茶＋こげ茶

- ● パスまたはクレヨン　● 筆　● 画板
- ● ぬれ雑巾

子どもが描きたくなる♪
導入のことばがけ例

 もうすぐ、みんなが楽しみにしているクリスマスだね。サンタさんは何に乗ってやって来るのかな？
└ 興味や関心を誘う

そりだよ！　トナカイが引っ張って来るんだ！

 じゃあ、サンタさんが来てくれるように、絵を描いて飾っておこうか。サンタさんやトナカイが何しているところを描いてあげようかな？
└ 発想を引き出す

そりに乗ってプレゼントを運んで来てくれているところ。ツリーやプレゼントやケーキも描いて、パーティーしているところにしようかな。

 絵の具は赤と茶色を用意しているよ。他に必要な色はパスを使ってね。
└ 画材の使い方を伝える

白の絵の具も用意しようと思うんだけど、どんなところに使えるかな？
└ 色のイメージから発想を引き出す

雪！　サンタさんのおひげ！サンタさんの帽子や服に付いているフワフワ！

 そうだね。白の絵の具は他の絵の具が乾いてから使わないと、すぐに混ざってしまうから、後で用意するね。
└ 画材の使い方を伝える

① 赤や茶の絵の具で描く

絵の具でサンタやトナカイを描きます。

② パスで描く

イメージを膨らませ、クリスマスの様子を描いていきます。

③ 白の絵の具で描く

赤や茶の絵の具が乾いてから、白の絵の具で描いていきます。

活動を支えるヒント

✔ 絵の具が乾くのを待つと、パスで重ねて描きやすくなります。また、白の絵の具を重ねる場合にも、にじみにくくなります。

✔ 絵の具とパスの活動を行き来しながら進められるよう、落ち着いた環境づくりを心掛けましょう。「白の絵の具を使ったらおしまい！」ではなく、またパスの活動に戻ったり、必要に応じて赤や茶を使ったりできるといいですね。

赤い絵の具が乾いたので、上から重ねてパスでベルトを描いています。

「プレゼントを配るのに相談しているの」

一人ひとりの表現を読み取ろう

「雪がいっぱい降ってきたの。ツリーもプレゼントもきれいでしょ」

ここに注目 小さいサンタはパスで描いています。絵の具とパスを
うまく使い分けながら描いています。

「プレゼントをいっぱい運んで来てくれたの」

ここに注目 いろいろな色のパスを使い、とても
カラフルで楽しい表現になりました。

「トナカイさんたちが、疲れてひと休み」

「きれいなツリーを見て、喜んでいるよ」

「長靴が雪で真っ白になっちゃった」

ここに注目 絵の具の感触の気持ち良さを味
わいながら描いていきました。

絵の具だけで

**3
歳児**

ここに注目

イメージカラーの赤と白の絵
の具だけで、サンタと雪を描
いています。3歳児らしい伸
びやかな筆使いです。

ここに注目 絵の具が大好きで、伸
びやかに描いています。

絵の具

鬼さん

豆まきのシーズンには、鬼は悪者として捉えられがちですが、その鬼と友達になったり、かわいい鬼を描いたり、一人ひとりのイメージを大事にして取り組みましょう。

用意するもの

- ●白画用紙（四つ切り）
- ●絵の具（黒以外は、原色そのままではなく、少しずつ混色をする）

 赤＋橙（少々）

 黄＋橙（少々）

 緑＋黄緑（少々）

 青＋白（少々）

 黒

- ●筆　●画板　●ぬれ雑巾

子どもが描きたくなる♪
導入のことばがけ例

 鬼のお面も作って、豆まきの用意ができたね。
└ 興味や関心を誘う

鬼は外！　福は内！　って、悪い鬼は豆をまいて追い出すんだよ。

 もしも、優しい鬼やかわいい鬼がいたらどうする？
└ 発想を引き出す

一緒に遊んでみたいけど、やっぱり怖いかなあ…。

見かけは怖そうでも、優しい鬼もいるかもよ！

 じゃあ、みんな、どんな鬼を描きたいのか考えてみてね。
└ 発想を引き出す

みんなの大好きな絵の具を用意したよ。これで鬼の顔や目、口なども描けるけど、もしも顔の中を塗ったらどうしたらいいかな？
└ 画材の使い方を確認する

乾くのを待ってから、目や口を描いたらいいんだよ！

 そうだね！　乾いたら絵の具で描いてもいいし、小さくて描きにくかったらパスを使おうね。
└ 画材の使い方を伝える

1 絵の具で鬼を描く

絵の具で描いたり塗ったりしながら鬼を描きます。

目や口なども絵の具で描いています。

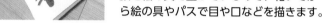

顔を絵の具で塗っているので、乾いてから絵の具やパスで目や口などを描きます。

2 パスで描く

イメージを広げ、細かな表現などはパスで描いていきます。

小さい黄鬼、緑鬼、青鬼は顔の部分が乾くのを待っています。待っている間に、お話作りを楽しみながら、周りを描いていきます。

絵の具では、細かい目の表情が描きにくかったようです。自分で考え、絵の具の筆を戻して、パスに持ち替えました。

活動を支えるヒント

✔ 絵の具は大きく伸びやかに描いたり、塗ったりするのに適しています。細かな表現をしたいときには、すぐにパスが使えるよう、画板の横に置いておくといいですね。

✔ 絵の具とパスの使い分けは、保育者が決めて指示を出すのではなく、基本的な事柄だけを指導し、子どもが自分で考えて使い分けられるようにしましょう。指導によって得た「知識・技能の基礎」が生かされて、自分なりに考え、判断して、表現に向かえることが大切です。

子どものつぶやきがいっぱい！
一人ひとりの表現を読み取ろう

「赤鬼さん、集合！」「あれ？　ぼくだけ青鬼！」

ここに注目👆 赤などの絵の具が少し乾いてから、黒の絵の具で重ねて描いています。

ここに注目👆 絵の具が乾いてから、丁寧にパスで描き足していきました。

「鬼さん、ミカンをどうぞ」

ここに注目👆 頭足人の鬼です。胴体はなく、口の下にパンツを描いています。とてもかわいらしい表現ですね。

「3人の仲良し鬼さん。ソフトクリームを手に持って、ご機嫌！」

ここに注目👆 「鬼は外！ お豆をいっぱいまいたよ」

豆まきの経験をもとに描いています。

3歳児　絵の具だけで

ここに注目👆

「鬼は〜外。福は〜内」

勢いのある筆使いで、絵の具の線がきれいです。鬼を豆で囲った表現も3歳児らしく、とてもかわいいですね。

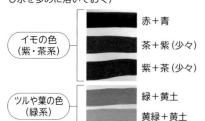

絵の具

楽しいイモ堀り

『ねずみのいもほり』の絵本を読んで、イモ掘りに興味をもった子どもたち。絵本の楽しさやイモ掘りの経験などをきっかけに、自分なりにイメージを広げながら描いていけると、より一層楽しくなりますね。

用意するもの

- 画用紙（ベージュ、うす橙、うすクリーム、白茶、白 など。四つ切り）
- 絵の具（ツルや葉の色は、イモの色よりも少し水を多めに溶いておく）

イモの色（紫・茶系）	赤＋青
	茶＋紫（少々）
	紫＋茶（少々）
ツルや葉の色（緑系）	緑＋黄土
	黄緑＋黄土

- パスまたはクレヨン ● 筆 ● 画板
- ぬれ雑巾

導入時におすすめ

絵本『ねずみのいもほり』（ひさかたチャイルド）

子どもが描きたくなる♪
導入のことばがけ例

 イモ掘りで、大きなイモや小さなイモがたくさん採れたね。『ねずみのいもほり』のお話も楽しかったね。
└ 経験を振り返り、興味や関心を誘う

みんなスコップを持って、出掛けるんだよ。

 ネズミの友達もたくさん集まって来てくれるかな？
└ 発想を引き出す

今日はイモを描くのに、こんな色を用意したよ。└ 実際に描いて見せながら、微妙な色の違いを感じられるようにする

わ～本物みたいな色！ ちょっとずつ違う！ どうやって作ったの？

 赤と青や、茶色や紫を混ぜてみたよ。ツルや葉っぱの色も作ったからね。
イモやツル、葉っぱを絵の具で描いたら、こげ茶のパスでネズミも描いていこうね。こげ茶で描くと、はっきりとよく見えるからね。後でいろいろな色も塗っていくときれいだよ。
└ 活動の流れと画材の使い方を伝える

① 絵の具でイモを描く

大小様々なイモを、紫・茶系の絵の具を使って描きます。

② 絵の具でツルや葉などを描く

緑系の絵の具を使って描きます。

活動を支えるヒント

まずは紫・茶系の絵の具から出し、描き進める様子を見て、緑系の絵の具を出していくと、進め方が分かりやすいですね。

③ イメージを膨らませ、パスで描く

お話作りを楽しみながら、まずはこげ茶で描き、必要に応じていろいろな色を足していきます。

活動を支えるヒント

始めにこげ茶で描き始めるのは、描いた物がはっきりと見えやすいからです。また、黒ではきつく感じるので、イモの雰囲気に合うよう、こげ茶を選びました。色を指定するだけでなく、その理由を伝えるようにしましょう。

子どものつぶやきがいっぱい！
一人ひとりの**表現**を**読み取ろう**

「イモの上に描くときは、白のほうが見えやすいよ」

ここに注目 なぜパスは最初にこげ茶で描くのかを理解できていたからこそ、応用ができています。

「子どもたちは、小さなおイモを掘ったんだよ」

ここに注目 大きなイモが印象的な絵ですが、よく見るとネズミたちが両手に小さなイモを持っています。

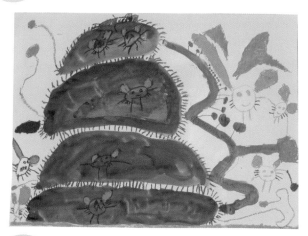

ここに注目 イモを積み上げ、一つずつ丁寧に根っこを描いています。

「おイモさんには、根っこのひげがいっぱい」

ここに注目 イモの周りには、頭足人のネズミが並んでいます。幼い表現ですが、とても愛らしい絵です。

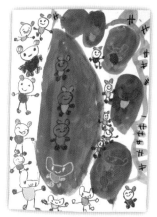

「ネズミの友達がいっぱい集まって来たの」

「おうちみたいになった」

ここに注目 2つのイモの組み合わせがおもしろいですね。

ヒマワリが咲いたよ

種をまいて、みんなで育ててきたヒマワリ。どんどん背が高くなり、きれいな花が咲きました。そのような経験をもとに描いていく中で、更にイメージが膨らみ、お話作りも楽しめるよう、やり取りができるといいですね。

用意するもの

- 白画用紙(四つ切り)
- 絵の具(トロトロの濃い絵の具ではなく、早く乾くように、少しだけ水を多めに溶く)

	黄緑+緑
	黄緑+緑(少々)
	黄+黄緑(少々)
	黄+山吹
	黄+橙(少々)
	茶+黄土
	茶+こげ茶

- 水性カラーフェルトペン
- 筆　● 画板　● ぬれ雑巾

導入時におすすめ

絵本『ひまわり』(福音館書店)

子どもが描きたくなる♪
導入のことばがけ例

 みんなで育てたヒマワリ、大きな花が咲いたね。
└ 経験を振り返る

うん！　水やりを毎日してたよ。

お花の中には、種もたくさんできていたね。　└ 経験を振り返る
大きく育ったヒマワリの絵を、いろいろなお話を作りながら描いていこうと思うんだけど、どんなお話にしようかなあ？
└ 発想を引き出す

花の妖精や虫たちがやって来て、水やりしているの！

高い所までどうやって登っていくのかなあ？
└ 発想を引き出す

長いはしごを掛けて…。長いロープでシュルシュル…。羽があるから飛べるんだよ！

ブランコを作ったら、遊べるかも！
└ 発想を促す
じゃあ、絵の具を用意したから、色を選んでヒマワリを描いてね。下から茎を伸ばしていこうかな？　お花から描こうかな？ヒマワリが描けたらお話を考えてカラーフェルトペンでも描いていこうね。
└ 活動内容と画材を伝える

① 絵の具でヒマワリを描く

好きな色を選んでヒマワリを描きます。

活動を支えるヒント

下からどんどん茎を伸ばし、その先に花を咲かせる描き方も良いですが、しっかりと花を描き込んでから、茎や葉を描く方法もあります。どのように描き始めるのか、導入の中で子どもたちとやり取りしてみましょう。

② カラーフェルトペンで描く

自分なりにイメージを膨らませ、お話作りを楽しみながら描いていきます。

活動を支えるヒント

ヒマワリを絵の具で描いてから、ペンで周りのお話を描いていくというのが基本ですが、絵の具とペンの使い分けなどは、子どもが自分で考えて工夫できるよう、緩やかな流れでゆったりと見守ることも大切です。

筆を立てて、慎重に種を描いています。

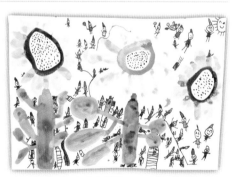

ペンで、小さな種を一つずつ丁寧に描いています。

子どものつぶやきがいっぱい！
一人ひとりの表現を読み取ろう

「かわいい妖精たちが、水やりしているの」

ここに注目 とても穏やかで優しい表現です。
ゆっくりと丁寧に描きました。

「ブランコも作って、みんなの遊び場だよ。
はしごを掛けて上がったり、シュルシュル
…って下りて来たり、とっても楽しいよ」

「花びらや葉っぱの上に、一人ずつ座っているの」

ここに注目 絵の具が薄く、すぐに乾いたので、
上に描きやすかったようです。

「船に乗ってやって来たんだよ」

ここに注目 ヒマワリを左に寄せて描き、
うまく空間を使っています。

「いい所見つけたよ！
種の中に入ってひと休み」

ここに注目 種を並べて描いていました
が、途中で手を止めて、真
ん中をあけておきました。

「かわいい花の妖精たちがやって来て、
チョウチョウたちも大喜び」

「虫かごから虫たちが飛び出して、水やりしているの」

ここに注目 園庭にみんなで種を植えたヒマワリ。早く大きくなってほしいという願いの込
もった表現です。段々と高くなっているところがおもしろいですね。

くだもの列車

ミカンやリンゴ、メロンなどの果物が列車になって、ガタンゴトン…走ります。子どもたちと一緒に素話を作りながら、イメージを広げていきましょう。「おイモ列車」「カボチャ列車」なども同じように取り組めますね。

用意するもの

- 白画用紙（四つ切り）
- 絵の具（トロトロの濃い絵の具ではなく、早く乾くように、少しだけ水を多めに溶く）

緑+黄緑(少々)	橙+黄(少々)
黄緑+緑(少々)	赤+橙(少々)
黄+橙(少々)	茶+緑(少々)

- 水性カラーフェルトペン
- 筆 ● 画板 ● ぬれ雑巾

子どもが描きたくなる♪
導入のことばがけ例

 みんなの大好きな果物に車輪が付いて、列車になって走って来たら楽しいだろうね。
└ 興味や関心を誘う

どんな果物を列車にする？
└ 発想を引き出す

リンゴ、ミカン、メロン…！

 その果物列車には、何が乗っているのかな？
└ 発想を引き出す

森に住んでいる動物たちが、おいしい物を積んでやって来るんだよ！

 線路がつながっていると、山にも町にも出掛けられるね。
└ イメージを膨らませる
まずは絵の具で列車を描いてから、乗っている動物や友達をペンで描いていこうと思うんだけど…。
└ 活動の流れを伝える
すぐにペンで描きたいときには、列車の中を絵の具で塗らないほうがいいよね。でも、もし塗ったときにはどうしたら良いのかな？
└ 画材の使い方を確認する

乾くのを待ってから、ペンで描いたらいいよ！ 上に乗っかっているようにしてもおもしろいよ！

 そうだね！ どんなお話にするか、考えて描いていこうね。細かい部分は、ペンで描くと描きやすいからね。
└ 画材の使い方を伝える

1 絵の具で果物列車などを描く

絵の具で塗ったり線で描いたりしながら、果物列車や線路などを描いていきます。

山の向こうの木々も絵の具で描いています。

2 カラーフェルトペンで描く

イメージを膨らませ、列車の中の様子などを描いていきます。

活動を支えるヒント

塗った絵の具が乾いた後に、上からペンで描くように伝えましょう。また、絵の具とペンの使い分けは、子どもが自分で考えて進めていけるようにしましょう。

おイモ列車

カボチャ列車

1 絵の具でイモ、
またはカボチャを描く

2 イメージを膨らませ、
油性フェルトペン（黒）で
描く

3 パスで色をつける

活動を支えるヒント

季節や行事、絵本などからヒントを得
て、子どもたちが興味をもっている物
や身近に感じている物を列車に見立
てて描いていくと楽しいですね。

子どものつぶやきがいっぱい！

一人ひとりの表現を読み取ろう

4・5歳児

「リンゴにはカニさんが乗って来たの。メロン
には動物たち！　オレンジにはパパとママ！
線路の周りにはきれいな落ち葉がいっぱい！」

ここに注目 絵の中に、たくさんのお話が
詰まっていますね。

「おサルさんたちが列車の上に
乗っているんだよ。お山で採れた
カキやミカンを運んでいるの」

「線路がグル〜ッと回ってつ
ながっているの。小さな石も
いっぱい敷いているんだよ」

ここに注目

絵の具で塗ったり線で描い
たり、ペンで細かく描き加
えたり、とても丁寧ですね。

「山の向こうから線路がつながっているの」

ここに注目 列車を絵の具で塗った後は、
乾くのを待ちながら、周り
の様子を描いていました。

おしゃれなシロクマさん

絵本『しろくまのパンツ』には、いろいろな模様のパンツが出てきます。このお話をきっかけに、シロクマにいろいろなパンツや服をプレゼントすることをイメージして描いてみましょう。

●用意するもの●

- ●色画用紙（橙、とのこ色、水色、ピンク など。四つ切り）
- ●絵の具
  - ・白：塗って広げるので、たくさん溶いておく。
  - ・服などの色：水の量が多過ぎると、にじみやすくなるため、濃度は少し濃いめに溶く。

	ぼたん色＋橙
	橙＋黄
	黄＋山吹
	黄緑＋水色
	緑＋水色
	青＋水色
	紫＋水色
	紫＋ピンク
	ピンク＋ぼたん色
	白

- ●パスまたはクレヨン
- ●筆　●画板　●ぬれ雑巾

導入時におすすめ
絵本『しろくまのパンツ』（ブロンズ新社）

子どもが描きたくなる♪
導入のことばがけ例

 シロクマに、かわいいパンツや服をプレゼントしてあげようか。どんな色がいいかなあ？　どんな模様がかわいいかなあ？
└ 発想を引き出す

いろいろな色のしま模様！　水色の水玉模様！　かわいいピンクのセーター！ハートの模様を付けてあげるよ。

 じゃあ、そんなおしゃれなシロクマを描いてみようね！　まずは、白い絵の具でグチュグチュ塗りながらシロクマを描いて…。服の色も用意するから、上からかわいい色で塗って服を着せてあげてね。
└ 実際にやって見せながら、画材の使い方を伝える

 シロクマがおしゃれをしたら、どんなことをしたいかなあ？ └ 発想を引き出す

お出掛けだよ！　パーティー！

 じゃあ、シロクマが描けたら、いろいろなお話を考えて、パスや絵の具で描いていこうね。細かい部分はパスで、大きな部分は絵の具でね。 └ 活動の流れや、画材の使い方を伝える

① 白の絵の具を塗り広げ、シロクマを描く

太筆に絵の具をたっぷり含ませ、シロクマの形を塗り広げていきます。

② 服などの色を重ねて塗る

白い絵の具が乾いていなくても大丈夫です。混ざって濃淡ができるのもきれいです。

活動を支えるヒント

- ✔ 目や口など、絵の具の上から描くとき、にじむと困るので、絵の具が乾いてから描くように伝えましょう。乾くのを待つ間に周りの様子を描き進め、乾いたかどうか自分で確かめながら描けるといいですね。
- ✔ 服などは乾かないうちに絵の具を塗り重ねてもOKです。白の絵の具と混ざって濃淡ができたり、にじんだり、絵の具の感触を楽しみながら描けるようにしましょう。

③ イメージを広げ、パスや絵の具で描く

細かい部分はパスで、大きな部分は絵の具で描き加えていきます

「おいしいクッキーをかばんに詰めて、お出掛け！」

「さあ、みんな！　おしゃれしてお出掛けよ」

ここに
注目

「とにかくもう、絵の具が楽しくて楽しくて♡」という気持ちが伝わってきますね。

「おそろいのメガネを掛けているよ」

ここに
注目

絵の具の混ざり具合から、感触を楽しみながら描いたことが伝わってきます。

ここに
注目

描くことが大好きで、お話もいっぱい詰まっています。

「しましまのセーターを着て、
力持ちのポーズ！」

「子どもたちは、迷子にならないように手をつないでね」

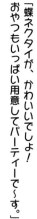

「蝶ネクタイが、かわいいでしょ！
おやつもいっぱい用意してパーティーで〜す。」

絵の具

あのね♡ 大きくなったらね♡

「大きくなったら何になりたい？ どんなことをしたい？」という問い掛けから、将来の夢を語り合い、自分なりにイメージを広げて描いていきます。絵の具の「重ね塗り」という技法を使うことで、絵の具特有の感触の気持ち良さや楽しさも味わえます。

用意するもの

● 白画用紙（四つ切り）
● 絵の具（服などに使用する絵の具の濃度は、少し濃いめにしておくと、にじみにくい。色数は、子どもの様子に応じて調整する）

肌の色	洋服などの色
うす橙+白+ピンク（少々）	ピンク+ぼたん色
うす橙+白+黄土（少々）	紫+ピンク
うす橙+白+黄緑（ごく少量）	青+水色
	緑+水色
	黄緑+水色
	黄+橙（少々）
	橙+黄（少々）
	ぼたん色+橙

● パスまたはクレヨン
● 筆 ● 画板 ● ぬれ雑巾

① 肌の色を塗り広げ、人物を描く

太筆に絵の具をたっぷり含ませ、人物の形に塗り広げていきます。自分だけでなく周りの人も描いてもいいですね。

② 服などの色を重ねて塗る

肌の色がぬれていると、にじんだり混ざったりしますが、それもまたおもしろいです。

子どもが描きたくなる♪
導入のことばがけ例

 みんな、大きくなったら何になりたい？ どんなことをしたいかな？
└ 発想を引き出す

サッカー選手！ 科学者！ ノーベル賞を取れるかなあ。

すごいね。みんなが大きくなっていろいろなことにチャレンジするのが、とっても楽しみ！ 今日は、みんなの夢を絵の具やパスで描いてみようか！
まずは、絵の具で肌の色を塗って自分を描くよ。それから、上に好きな色の服を重ねて…。
└ 実際にやって見せながら、画材の使い方を伝える

 あ！ にじんで混ざっちゃうよ！

ちょっと混ざってもおもしろいかもよ。でも、にじむのがいやな所は、乾くのを待ってみようね。目や口はにじんだら困るので、乾いてからパスか細い筆で描いてね。
└ 画材の使い方を伝える
他にも、たとえばお客さんがいたり働く仲間がいたり、いろいろな物があったり…。
└ 発想を引き出す
細かい部分はパスで、大きな部分は絵の具で描いていこうね。
└ 画材の使い方を伝える

活動を支えるヒント

✔ にじむのがいやな場合は、乾いてから塗り重ねるといいでしょう。乾くのを待つ間に、他の部分を描き進められるよう、言葉を掛けましょう。

✔ 目や口など顔の中は、にじむとかわいい表情が台無しになることがあります。しっかりと乾いてから、パスや細筆で描くようにします。

✔ パスと絵の具の使い分けは、保育者が逐一指示をするのではなく、子どもが自分で考えて行なえるようにしましょう。基本的な指導内容をもとに、自分で判断して描けるようにすることが大切です。

③ イメージを広げ、パスや絵の具で描く

細かい部分はパスで描き加え、大きく伸びやかに表現したい所は絵の具を使います。

「科学者になって、いろいろなお薬を発明するんだ」

子どものつぶやきがいっぱい！
一人ひとりの表現を読み取ろう

「ぼくは科学者になる！　大発明をして、ノーベル賞を取るんだ！」

「ぼくはサッカー選手になるんだ」

「お花屋さんになるの。きれいなお花に囲まれてご機嫌♡」

「アナウンサーになりたい！」

「ジュース屋さん。冷たくておいしいアイスも売っているよ」

ここに注目👉 絵の具とパスをうまく使い分けながら、丁寧に描いています。

「ぼくは警察官！　パトカーにも白バイにも乗れるんだよ。」

「幼稚園の先生♡みんなでお遊戯しているの」

「レストラン♡　2階は家族でゆっくり食事ができる所だよ」

ここに注目👉 憧れの警察官を、力強く、画面いっぱいに大きく描いています。

ここに注目👉 自分だけでなく、お客さんたちも丁寧に細かく、絵の具で描いていきました。

コンテ

コンテはパスと同じく、線で描いたり面を塗ったりすることができる画材です。パスに比べて粉っぽく、こすれると手や画面が汚れやすくなります。描いた後は、コンテ留め液（定着材）のスプレーを吹き掛けておきましょう。

コンテを扱うときのコツ

持ち方

縦持ち

コンテを縦に持ち、しっかりと力を入れて塗る

指（1〜2本）を使い、優しく丁寧にこする

POINT 手のひら全体を使うと、手が全面汚れてしまいます。人さし指だけでこする、または人さし指と中指の2本でこする、といったルールを伝えましょう。

横持ち

コンテを横に持って塗る

小さく丸めた綿で優しくこする

POINT 装飾用のナイロン綿ではなく、消毒用の綿が適しています。小さく折り畳んで使いましょう。クルクル円を描くようにこすっていくと、ふんわりとした柔らかい感じになります。

配慮点

手の汚れも楽しめるように

手の汚れを気にして頻繁に水で洗うと、手に水気が残り、コンテの粉が溶けて余計に汚れる原因になります。汚れることばかりを気にせず、汚れを楽しむような気持ちで取り組めるよう配慮しましょう。固く絞ったぬれ雑巾を用意しておくものいいですね。
描き終わって汚れた手は、最後に石けんで洗います。泡にコンテの色が混ざっておもしろいですよ！

注意 換気をしましょう
夢中になって描いていると、コンテの粉が部屋に充満してきます。窓を開け、換気するようにしましょう。

知っておこう！ コンテとパスの違い
似ているけれど性質は全く違います！

コンテ		パス
粉っぽい	質感	粘り気がある
溶ける	水や絵の具との相性	弾く
色が沈まず、発色が良く、はっきりと描ける	濃い色画用紙との相性	色が沈み、発色が悪くなる

しっかりと塗り込んで指でこする

●「風船を食べたクジラさん」(P.58)

まずは、黒のコンテ一本で描き始めました。黒でしっかりと塗った面を、人さし指一本でこすってなじませています。

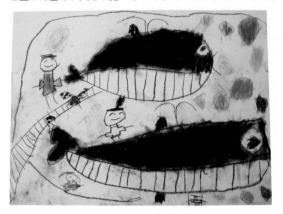

しっかりと塗ったり、ぼかしたり

●「氷のおうち」(P.62)

四角い氷を線で描いたり、しっかりと塗って指でこすったり、指に付いたコンテの粉をこすり付けて塗ったり、コンテの柔らかい感じを生かしながら、いろいろなトーンの表現を楽しんでいます。濃い色画用紙の上にも、色が沈まず発色がきれいです。

混色を楽しみながら

●「動物たちの冬じたく」(P.60)

コンテを縦に持ち、塗ってはこするという活動を繰り返しながら、茶系のコンテの混色を楽しんでいます。

水や絵の具に溶ける性質を生かして

●「フワフワの雪だるま」(P.64)

コンテを縦に持ったり、横に寝かしたりしながら雪だるまを塗っていきました。綿でクルクル回しながらこすっていくと、柔らかい風合いの雪だるまのできあがり！ コンテは絵の具に溶け、弾かないので、上から目や口なども描くことができます。

●「お友達と一緒」

コンテを横に寝かせて塗り、綿で丸くこすりながら、茶・白・黄土を混ぜて顔の色を作りました。周りもコンテを横に寝かせて塗っています。

油性フェルトペン (黒)や墨汁と併用して描く

●「魔法使いになって」(P.80)

ペンで描いた所にコンテで色をつけています。縦に持ってしっかりと塗ったり、横に寝かせて柔らかい感じを出したり、カラーフェルトペンとはまた違った風合いを楽しめますね。墨汁で黒く塗った上にも、コンテで描くことができます。

 注意 ペンとの併用で気を付けること

コンテで塗った上からペンで描くと、ペン先に粉が詰まってかすれる原因になります。ペン先が傷まないように気を付けましょう。

NG コンテで塗る→上からペンで描く

OK ペンで描く→コンテで塗る

風船を食べたクジラさん

絵本『ふうせんクジラ』は、子どもにとってワクワクするシーンがたくさんあります。この絵本をもとに、イメージを膨らませて描いてみましょう。

用意するもの

- 画用紙（白、うすピンク、うす水色　など。四つ切り）
- コンテ（黒、カラー）
- 画板
- 手拭きタオル（ぬらして固く絞っておく）

導入時におすすめ
絵本『ふうせんクジラ』（偕成出版社）

子どもが描きたくなる♪
導入のことばがけ例

 絵本の『ふうせんクジラ』、どの場面がおもしろかった？
└ 興味や関心を誘う

 風船をパクパク飲み込むところ！お空も飛ぶんだよ。

 園に飛んで来たらどうしよう！　一緒に遊べるかな？
└ 興味や関心を誘う

 一緒にサッカーしたら、「ポコポコ…」って風船が出てくるかも！

 じゃあ、そんな風船を食べたクジラをコンテで描いてみようか！　絵本の中でおもしろかったところを選んだり、そこから自分でお話を作ったりしてもいいね。
└ 発想を引き出す

 コンテの使い方、覚えているかな？しっかり塗ると、粉がいっぱい出るね。この粉が画用紙にくっ付くように、お母さん指でゴシゴシこすってね。
└ 実際にやって見せながら、コンテの使い方を伝える

手の平でこすると手が真っ黒になるから、指一本だけだよ。それから、粉をフ〜ッと吹き掛けると飛んで行っちゃうから、吹かないでね。
└ 活動上の注意を促す

黒のほかにいろいろな色が欲しくなったら、また準備するからね。
└ 画材の追加を知らせる

❶ 黒のコンテでクジラなどを描く

塗った所は指でこすりながら描いていきます。

活動を支えるヒント

✔ 絵本の場面を再現するだけでなく、絵本をきっかけに、一人ひとりの子どもが自分なりにイメージを広げ、お話作りを楽しみながら描けるようにしましょう。

✔ 黒は、こすって広げ過ぎると画用紙が汚れてしまいます。人さし指だけを使ってこすりましょう。

✔ 手の汚れが気になる場合は、固く絞ったぬれタオルで拭きます。ぬれた手でコンテを触ると、コンテが溶けて余計に汚れてしまいます。水洗いはしないよう言葉を掛けましょう。

❷ カラーコンテで塗ったり描いたりする

イメージを膨らませ、色も加えながら描いていきます。

「保育園に来て、サッカーして遊んでいるの」

「クレーン車でつり上げているの」

ここに注目 👉 絵本のこのひと場面がとても印象深かったようです。

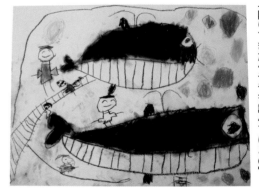

「風船を、パクパク食べているよ」

ここに注目 👉 正面から捉えたクジラがおもしろいですね。

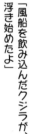

「風船を飲み込んだクジラが、浮き始めたよ」

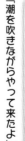

「降りてきたクジラを調べているの」

「潮を吹きながらやって来たよ」

「パクパク…。すごい勢いで風船を飲み込んでいくよ」

ここに注目 👉 周りをこげ茶のコンテで塗っているところが、おもしろいですね。

59

動物たちの冬じたく

秋になり、紅葉や木の実などが身近に感じられるようになると、子どもたちの中で「冬支度」がイメージしやすくなりますね。森の動物たちはどんな暮らしをしているのか、イメージを膨らませながら描いていきましょう。

用意するもの

- 白画用紙（四つ切り）
- コンテ（こげ茶、茶、黄土、赤、青、黄、緑などいろいろな色）
- 画板
- 手拭きタオル（ぬらして固く絞っておく）

導入時におすすめ
絵本『ふゆじたくのおみせ』（福音館書店）

子どもが描きたくなる♪
導入のことばがけ例

 公園の落ち葉の色がきれいだったね。絵本でも森の動物たちが、冬支度を始めていたね。動物たちはどこで冬支度をするのかな？
└ 発想を引き出す

山に大きな穴を掘ったり、大きな木の穴を見つけて入ったりするよ！

 じゃあ今日は、コンテで大きな山や木を描いて、冬支度をしている動物たちを描いてみよう！　まず、大きな山や木を描いたら、動物たちが入れる大きな穴を描いて、穴の周りをコンテでしっかりと塗ってみるよ。
└ 実際に描いて見せながら、活動の流れや画材の使い方を伝える

粉が出てきた！

 この粉が飛ばないよう、お母さん指とお兄さん指の2本で優しくなでてね。色を変えて混ぜっこしてもきれいだね。
└ 画材の使い方を伝える
手のひらでこすってしまうと、絵も手も泥んこになるから、指2本だけだよ。
└ 活動上の注意を促す

冬支度はどんなことをするのかな？
└ 発想を引き出す

木の実を集めたり、セーターを用意したり…

 じゃあ、山や木を描いたら、こげ茶のコンテで冬支度の様子を描いていこうね。後で、いろいろな色のコンテも用意するね。
└ 活動の流れを伝える

① こげ茶のコンテで木や山を描く

動物たちが入る穴をイメージしながら、描いていきます。

② こげ茶、茶、黄土などのコンテで色を塗り、指でこする

穴の部分を残してしっかりと力を入れて塗っていき、人さし指と中指の2本でこすってコンテを定着させます。

活動を支えるヒント

コンテを塗り込む活動は、丁寧さと根気強さが必要です。こげ茶、茶、黄土などのコンテを混ぜて塗ることで、混色の楽しさも味わえます。塗る、こする、混ぜるといった活動が楽しくなるよう、「しっかり塗れたね」「混ざっておもしろい色ができたね」といった、ことばがけを工夫しましょう。

活動を支えるヒント

①・②の活動と③・④の活動を2回に分けて取り組むと、乱雑にならず丁寧に描くことができます。この場合、子どもの思いやイメージしたものが薄れてしまわないよう、日時をあけ過ぎずに取り組みましょう。

③ イメージを膨らませ、こげ茶のコンテで描く

穴の中や外の様子を描いていきます。

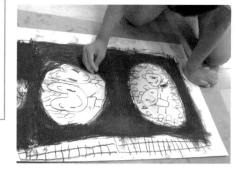

④ いろいろな色のコンテで色をつける

服や果物など、いろいろな色で塗ったり描いたりします。

一人ひとりの表現を読み取ろう

「風に吹かれて、葉っぱがいっぱい飛んでいるの。みんな大忙し」

「部屋の中は暖かくしているの」

ここに注目 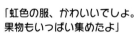 オレンジ色のコンテで、部屋の暖かさを表現しています。

木の色は、コンテを薄く伸ばしていきました。優しい雰囲気の絵になっています。

ここに注目 丸い部屋が積み重なっている様子がユニークですね。コンテを混ぜて塗ることも楽しかったようです。

「ウサギさんとリスさんのカップルだよ。仲良し♡」

ここに注目 こげ茶のコンテをしっかりと塗り込んでいます。

「虹色の服、かわいいでしょ。果物もいっぱい集めたよ」

ここに注目 茶系のコンテを混ぜながら、木を丁寧に塗っています。

「みんなのおうちを、はしごでつないで遊びに行けるようにしているんだよ」

61

氷のおうち

コンテ

氷に見立てた四角い形を、積んだり並べたりして構成を楽しみながら、氷のおうちを描いていきます。
コンテを塗って濃淡を作ったり、パスとの違いを感じたりしながら描いていけるといいですね。

用意するもの

- 色画用紙（黒、藍色 など。四つ切り）
- コンテ（水色、灰色）
- パスまたはクレヨン ●画板
- 手拭きタオル（ぬらして固く絞っておく）

子どもが描きたくなる♪
導入のことばがけ例

 今日はコンテを使って、氷のおうち を描いてみようね。四角い氷をいっ ぱい並べて…
└ 描いて見せながら、興味や関心を誘う
どんなおうちにしようかな？ 何階建てに しようかな？
└ 発想を引き出す

氷のマンション！ お城！

氷を一つ塗ってみるね。塗ったらお 母さん指でなでなで…。はみ出さな いようにそっとね。あ！ 指に付いてる！ この指で隣の氷をなでなで…。
└ 画材の使い方を伝える

あ！ 薄い色がついた！

そうだね。しっかりと塗った濃い色 の氷と、指でなでなでした薄い色の 氷、何も塗っていない透明の氷の3種類が できるよ！
└ 画材の使い方を伝える

氷のおうちには誰が住んでいると思 う？
└ 発想を引き出す

雪だるま！ ペンギン！ 私たちも 遊びに行っているの！

氷のおうちができたら、お話を考え て、白のパスを使って描いていこう ね。
└ 活動の流れを伝える
白のパスは、濃い色画用紙に一番よく見え る色なんだよ。
└ 画材の特徴を伝える
服などに色をつけたいときには、白のパス で描いてからいろいろな色で塗ると、すご くきれいに見えるよ。
└ やって見せながら画材の使い方を伝える
高いおうちにしたかったら、色画用紙は縦 にしてね。
└ 構想を促す

① コンテで四角い氷を描く

水色や灰色のコンテで四角い氷を描き、並 べたり積んだりして家を描いていきます。

② コンテで塗り、指でこする

氷の中をコンテで塗り、指でこすって 粉を定着させます。更に、コンテの粉 が付いた指で隣の四角の中をこすると、 薄く色がつきます。

活動を支えるヒント

しっかり塗る、指でこすって 塗る、線だけで描く、この3 種類があります。この違い を丁寧に伝えることで、コン テの特徴や使い方を理解し やすくなります。

③ イメージを膨らませ、パスで描く

まずは白のパスで描き、いろいろな色を足していきます。

「雪だるま、ペンギン、 雪ウサギが仲良く暮ら しているの」

活動を支えるヒント

コンテは粉っぽく、こするとふんわり柔らかい感じになります。それに対し てパスは、油分が含まれているため、紙にしっかりと定着します。コンテと パスの感触の違いを感じられるように、子どもの気付きに共感しましょう。

一人ひとりの表現を読み取ろう

ここに注目👆 コンテもパスもしっかりと塗っています。塗り込みながら感触の違いを感じ取ったようです。

「雪がきらきら光っているの」

ここに注目👆 コンテで描いた雪を、指でクルクルとこすって、柔らかい感じを出しています。

「3階建てのおうちだよ。氷のシャンデリアもおしゃれでしょ」

ここに注目👆

コンテの濃淡をうまく生かしながら描いています。

ここに注目👆

家の形がおもしろいですね。積んだり並べたりが、とても楽しかったようです。

「白いパスで描いた雪も、こするとおもしろいよ」

「屋根は大きな氷のかたまり！」

「雪がいっぱい降ってきて、わ〜大変だ！」

コンテ

フワフワの雪だるま

コンテのフワフワとした感触を楽しみながら、「雪だるま」を描いていきます。絵の具との併用もおもしろいです。パスと違い、コンテは水に溶けるので、塗った上から絵の具で描くことができますよ。

用意するもの

- 色画用紙（赤、青、藍色、紫 など濃い色。四つ切り）
- コンテ（白）
- 綿（装飾用のナイロン綿ではなく、消毒用の綿）
- 絵の具（ピンク＋赤、緑＋黄緑、青＋水色、黄＋白、青＋藍色、白 など。濃度は少し濃いめに溶いておく）
- 筆 ● 画板
- 手拭きタオル（ぬらして固く絞っておく）

子どもが描きたくなる♪
導入のことばがけ例

 今日は、この白いコンテを使って絵を描いてみるよ。
└ 丸を描いて中を塗って見せながら、興味や関心を誘う

先生！ 粉がいっぱい出てくるよ！

 そう！ この粉が大事！ しっかりと塗って粉がいっぱい出てきたら、この綿でクルクルしながらこすってみるよ。
└ 画材の使い方を伝える

わ～！ ふわふわだ！

 もう一つ、丸を上に重ねて描いてみるね。
└ 興味や関心を誘う

あ！ 雪だるまができた！

 そう！ 今日はこのコンテを使って雪だるまを描いてみよう！ しっかりと塗ったら、綿を小さく畳んで、クルクル…。
└ 画材の使い方を確認する
雪だるまを描く大事な粉だから、吹き飛ばさないようにね。
└ 活動上の注意を促す

 雪だるまができたら、何をしているのかな？ どこにいるのかな？ 誰と一緒にいるのかな？ ってお話をいっぱい考えて描いていこうね。
└ イメージを膨らませる
後で絵の具も用意するから、雪だるまの目や鼻、口なども絵の具で描いてみてね。他にも使いたい所があったら、自分で考えて使ってみてね。
└ 画材の使い方を伝える

① コンテを塗って雪だるまを描き、綿でこする

コンテでしっかりと塗ってから、綿でクルクルと円を描くようにこすっていきます。

活動を支えるヒント

コンテは縦に持っても、横に寝かせて持っても、どちらでも良いです。コンテを塗り広げやすいと感じるほうを選ぶように、ことばがけしましょう。綿は小さく折り畳んで使い、コンテを塗った所だけを優しくこすります。

② 絵の具で描く

雪だるまの目や口、マフラーなど、イメージを膨らませて絵の具で描いていきます。

活動を支えるヒント

コンテは水に溶ける性質があるため、コンテを塗った上に絵の具を使っても、弾かずに描くことができます。

「コンテも絵の具も気持ち良いな」

「4段の雪だるまだよ。おしゃれしてお出掛け」

「フワフワの雪だるま♡」

ここに
注目 コンテの特徴が生かされています。

「雪がいっぱい！ 外遊びが楽しいね」

「小さな雪が舞っているの」

ここに
注目 コンテや絵の具を使い、雪の表現を
いろいろ試しながら描いています。

「子どもの雪だるまも大喜び！ 転ばないでね」

 コンテと絵の具をうまく使い分け、
画面いっぱいに描いています。

「雪だるまのおうちも描いたよ。さあ、
用意ができたので今からお出掛け」

「お母さんと子どもたち。ハートが
うまく描けるようになったの」

油性フェルトペン 黒

フェルトペンは子どもにとって扱いやすく、描く楽しさを存分に味わえる画材です。子どもが使うフェルトペンには、おおむね油性と水性がありますが、ここではそれぞれの特性と、黒の油性フェルトペンを使った事例を紹介します。

黒だけに限定するのはなぜ？

まずは色を使わず黒のペンだけに限定することで、あれこれと色に惑わされることなく、描くことに夢中になれるようです。イメージを膨らませ、お話作りを楽しみながら描くのに適しています。描いた後で、色をつけていきましょう。

 注意 **臭いに気を付けましょう**
キシレンなどの有機溶剤を使用しているものは、臭いがきつく有害です。アルコール系溶剤のものを選びましょう。また、ある程度の臭いは生じるため、部屋を閉め切らず、換気を心掛けましょう。

 知っておこう！

水性の特徴

●水性フェルトペン＋水
水性フェルトペンは水に溶ける性質があり、水や絵の具を付けるとにじみます。

●水性フェルトペン＋
　水性フェルトペン
水性フェルトペン同士でもにじみます。水性フェルトペンの黒で描いた後、黄色で塗るとにじんで濁ります。

水性フェルトペンが水に溶ける性質を生かして描くことができます。

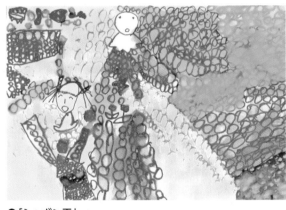

●「シャボン玉」
水性フェルトペンで描いた後、筆で水を加え、にじませて色を出しています。

耐水性と油性の共通点と相違点

一般に「ポスカ」などと呼ばれている、水性顔料インクを用いた耐水性フェルトペンは、水に溶けない、いろいろな素材に描くことができるなど、油性フェルトペンと共通した性質があります。一方、黒や濃い色の画用紙などには、油性フェルトペンでは色が沈んで見えにくくなりますが、耐水性フェルトペンはきれいに描けるものが多いようです。

耐水性	油性	
		黄
		橙
		赤

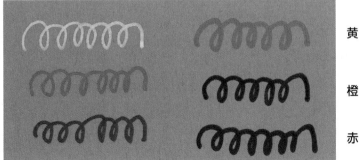

他の画材との併用を楽しもう

油性フェルトペンは水に溶けないため、絵の具と併用したり、水性フェルトペンで塗ったりしても、にじまずきれいに描けます。他の画材と併用して、色づけを楽しみましょう。

パスやクレヨン

● 「サンタの住む街」(P.76)

塗り込んでいくと、力強い感じになりますね。細かい部分は、色鉛筆などを併用してもいいでしょう。

水性カラーフェルトペン

● 「宇宙へだいぼうけん！」

発色が良く、とてもきれいです。細かい部分も塗りやすいですね。

絵の具

● 「動物マンション」

筆を立てて使ったり、太筆と中筆を使い分けたりしながら色をつけています。

● 「"せんたくかあちゃん"になってお洗濯」(P.70)

細かい部分はカラーフェルトペンで、広い面は絵の具で塗っています。

絵の具と水性カラーフェルトペン

絵の具と併用するときのポイント

▼ 透明感のある絵の具を

油性フェルトペンで描いた線が見えるよう、絵の具は水で薄く溶いておきましょう。水の量が足りなかったり、白を混色したりすると、不透明になり、描線が見えづらくなります。ピンクなど薄い色は、白を混ぜず、赤などを水で薄めましょう。

	もとの色		水で薄めた透明色 （線が見える）	白色を加えた不透明色 （線が見えづらい）
茶＋黄土		うす橙		
赤		ピンク		
青		水色		

▼ 色見本を挟んでおこう

ピンク、うす橙、水色などは水で薄めて作るので、容器の中の絵の具はそれぞれ赤、茶、青に見えます。実際に塗ったときの色が分かりやすいよう、絵の具をつけた色見本を容器に挟んでおきましょう。色を選びやすくなります。

▼ 混色をしてきれいな色を

2色の絵の具を混ぜるだけでもいろいろな色ができます。隣り合う色を混ぜてグラデーションを作ってみましょう（色作りはP.27を参照）。

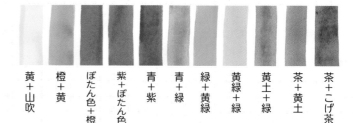

黄＋山吹	橙＋黄	ぼたん色＋橙	紫＋ぼたん色	青＋紫	青＋緑	緑＋黄緑	黄緑＋緑	黄土＋緑	茶＋黄土	茶＋こげ茶

こんなロボットがいたら♡

『わんぱくだんのロボットランド』などの絵本をきっかけに、自分なりにイメージを膨らませ、お話作りを楽しみながら描いていきます。体験や生活と結び付けたり、空想の世界を描いたり、子どもの思いやつぶやきがいっぱい詰まった楽しい絵です。

用意するもの

- 白画用紙（四つ切り）
- 油性フェルトペン（黒）
- 水性カラーフェルトペン
- 絵の具（いろいろな色。混色をして水で薄めておく。白の混色は避ける。色作りはP.27・P.67参照）
- 筆　● 画板　● ぬれ雑巾

導入時におすすめ

絵本『わんぱくだんのロボットランド』（ひさかたチャイルド）

子どもが描きたくなる♪
導入のことばがけ例

 「ロボットランド」のお話、おもしろかったね。└ 興味や関心を誘う
今日はロボットのお話を作ってお絵描きしてみようと思うんだけど、ロボットのお顔、どんな形にする？
└ 発想を引き出し、イメージを広げていく

 四角だよ！　プリンカップみたいな形！　まあるい形！　星形！　ハート！

じゃあ、体はどんな形？　手足はんなふうにする？
└ 発想を引き出し、イメージを広げていく

 体は段ボール箱で作っていたから四角だよ！　人間にそっくりなロボットもいるよ！

そのロボットは、何をするロボットかな？
└ 発想を引き出し、イメージを広げていく

 お手伝いロボット！　お店屋さんロボット！

どんなお手伝いなのかな？　お店は何屋さんなのかな？
└ 発想を引き出し、イメージを広げていく

じゃあ、自分で考えたロボットのお話を、この黒いペンで描いていこう！　お話がいっぱい描けたら、後でカラーペンや絵の具で色をつけようね。細かい部分はカラーペンで、広い部分は絵の具でね。
└ 活動の流れや、画材の使い方を伝える

1 油性フェルトペン（黒）で描く

自分なりにイメージを膨らませ、ロボットのお話を描いていきます。

活動を支えるヒント

絵本の中から印象に残ったロボットを描いたり、自分なりにイメージを膨らませていろいろなロボットを考えたり、絵本のお話と自分で作ったお話とが混ざり合いながら、イメージがどんどん広がるように支えましょう。

2 カラーフェルトペンや絵の具で色をつける

細かい部分はペンで、広い部分は絵の具で色をつけていきます。

「きれいな虹色の剣を持っているロボット！」

ここに注目 カラーフェルトペンを出したとたんに、虹色の剣が思い浮かんだようです。

活動を支えるヒント

カラーフェルトペンは塗るだけでなく、線で描いてもきれいです。使い方を限定せず、子どもが自分で考えて使えるようにしましょう。水性のカラーフェルトペンは、絵の具を塗ると溶けてにじんでしまうことは伝えましょう。

青やピンクで描いたチョウチョウやテントウムシもきれいです。

一人ひとりの表現を読み取ろう

「電気ロボットだからコンセントがいっぱい付いてるの。お饅頭ロボットとフランスパンロボットも描いたよ。」

ここに注目 🤚 発想が豊かでおもしろいですね。

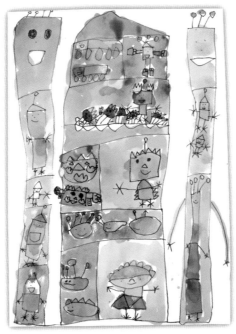

「細長いのは、おんぶロボットと抱っこロボット。」

ここに注目 🤚 子どもらしく、とてもかわいらしいお話です。

「お菓子屋さんロボットと魚屋さんロボット」

「お買い物ロボット♡お花を買ってきたの」

ここに注目 🤚 表情がとてもかわいらしく、大らかな雰囲気がすてきですね。

「雨雲ロボットに変身！ ヒマワリに水をあげてるの」

ここに注目 🤚 絵本の中の「お掃除ロボット」に興味をもって描き始めましたが、途中から自分なりのお話に変更！

「虫取りしているロボットだよ」

ここに注目 🤚 概念的な色にこだわらず、いろいろな色を使って塗っています。

「雨降りロボットだよ」

"せんたくかあちゃん"になってお洗濯

絵本『せんたくかあちゃん』のシリーズを読んで、洗濯物がいっぱい並んで干してある様子に興味をもった子どもたち。絵本をきっかけに自分なりにイメージを広げ、「せんたくかあちゃん」になったつもりで描いていきます。

用意するもの

- ●白画用紙(四つ切り)
- ●油性フェルトペン(黒)
- ●水性カラーフェルトペン
- ●絵の具(いろいろな色。混色をして水で薄めておく。白の混色は避ける。色作りはP.27・P.67参照)
- ●筆 ●画板 ●ぬれ雑巾

導入時におすすめ

絵本「せんたくかあちゃんシリーズ」(福音館書店)

子どもが描きたくなる♪
導入のことばがけ例

 『せんたくかあちゃん』のお話、おもしろかったね。└興味や関心を誘う
みんなもお洗濯できるかな?

泡いっぱいで、ゴシゴシ!

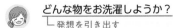 どんな物をお洗濯しようか?
└発想を引き出す

ハンカチ! ズボン! スモック! それから靴も洗うんだよ! ぬいぐるみも!

 すごい! たくさんだね! 「せんたくかあちゃん」はたくさんの洗濯物をどうやって干していたかな?
└絵本を振り返り、イメージを膨らませる

森の木にひもをいっぱい引っ張っていたよ!

じゃあ、みんなも「せんたくかあちゃん」になり切って、お洗濯をいっぱいして、干しているところを描いてみよう!
どんな物をお洗濯するのか楽しみ! 森の中で、どんなふうにひもを張っていくかも、楽しみにしておくね。
└構想を促す
まずは、この黒いペンで描いていくよ。お話が描けたら、後でカラーペンや絵の具で色をつけようね。細かい部分はカラーペンで、広い部分は絵の具で塗ろうね。
└活動の流れや、画材の使い方を伝える

❶ 油性フェルトペン(黒)で描く

絵本をきっかけに、イメージを膨らませて描いていきます。

活動を支えるヒント

絵本の内容を忠実に再現するのではなく、日常生活や経験をもとに描いたり、自分なりにイメージを膨らませながら描いたりすると楽しくなりますね。

❷ カラーフェルトペンや絵の具で色をつける

細かい部分はペンで、広い部分は絵の具で色をつけていきます。

「たくさんお洗濯したよ。とっても良い天気で、洗濯物も気持ち良さそう! すぐに乾いちゃうね」

ここに注目

カラーフェルトペンと絵の具をうまく使い分けています。

一人ひとりの表現を読み取ろう

「ぬいぐるみも時計も、かわいい服も、み〜んなお洗濯したよ」

 洗濯物が風になびいているようです。

「みんなで、まあるく干しているの！」

 丸く並んだ洗濯物がかわいらしいですね。
左の木は、人物をよけて描いています。

「ダンゴムシも洗ったよ。雷さん、はしごから降りてくるかなあ？」

 曲がった黄色いはしごが、画面に動きを与えています。

「木がいっぱいの、森の洗濯屋さんだよ。
お洗濯しているところを、雷さんが見に来たの」

 木々が斜めに並んでいるところがおもしろいですね。意図
的に斜めに描いたのではなく、描いているうちに段々斜め
になってきたようです。それもまたおもしろい！

「雲に乗って雷さんが見ているよ。
ピカッ！　ゴロゴロ…。雨が降ってきて大慌て」

「緑色の服が大好き！
森の洗濯だからね」

71

そらまめくんがね・・・

絵本『そらまめくん』のシリーズをきっかけに、自分なりにイメージを膨らませ、お話作りを楽しみながら描いていきます。「そらまめくん」を主人公にすることで、親しみやすく、どの子にも描ける題材となります。自分の体験や生活と結び付けたり、空想の世界を描いたりしてみましょう。

用意するもの

- 白画用紙 (四つ切り)
- 油性フェルトペン (黒)
- 水性カラーフェルトペン
- 絵の具 (いろいろな色。混色をして水で薄めておく。白の混色は避ける。色作りは P.27・P.67 参照)
- 筆　● 画板　● ぬれ雑巾

導入時におすすめ
絵本「そらまめくんシリーズ」(福音館書店、小学館)

子どもが描きたくなる♪
導入のことばがけ例

 「そらまめくん」の絵本、おもしろかったね。└ 興味や関心を誘う
絵本の続きをみんなで考えてみようか！ どんなおうちに住んでいると思う？ └ 発想を引き出す

ふかふかのベッドがあって、お友達を泊めてあげられるの。

滑り台も、ブランコもあって遊ぶ所がいっぱいあるんだよ。おうちの中が遊園地になっているといいなあ。

 そらまめくんとどこかにお出掛けしても楽しいねえ。どこに行く？ └ 発想を引き出す

電車に乗って温泉に行きたい！ おばあちゃんたちと行って楽しかったんだよ。

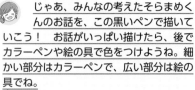 じゃあ、みんなの考えたそらまめくんのお話を、この黒いペンで描いていこう！ お話がいっぱい描けたら、後でカラーペンや絵の具で色をつけようね。細かい部分はカラーペンで、広い部分は絵の具でね。└ 活動の流れや、画材の使い方を伝える

① 油性フェルトペン (黒) で描く

自分なりにイメージを膨らませ、そらまめくんのお話を描いていきます。

活動を支えるヒント
気持ちが走って乱雑になりがちな子どもには、丁寧に落ち着いて描けるよう、ゆったりとした関わりやことばがけをしましょう。

② カラーフェルトペンや絵の具で色をつける

細かい部分はペンで、広い部分は絵の具で色をつけていきます。

「パーティーへいらっしゃい！！ 階段を上って来たり、葉っぱに乗って来たりするそらまめくんもいるんだよ」

活動を支えるヒント
- ✓ 色づけは焦らず、じっくりと黒のペンで描いてからにしましょう。
- ✓ 早くできた子どもには、先にカラーフェルトペンで塗り始めるよう伝え、全体の進み具合を見てから、絵の具を出すといいですね。
- ✓ 絵の具の塗り残しなどを指摘し、指導するのではなく、たっぷりとした絵の具を、おおらかな気持ちで使えるような雰囲気をつくることが大切です。

子どものつぶやきがいっぱい！
一人ひとりの表現を読み取ろう

「滑り台もブランコもあって楽しいおうち！
お友達がいっぱい遊びに来たよ」

ここに注目 お話がたくさん詰まった楽しい絵です。自分なり
のイメージをどんどん広げていきました。

「僕の大好きな鉄棒、どこにあるか分かる？
遊んだ後はお風呂にも入れるんだよ」

ここに注目 家の中は塗らず、周りを青い絵の具で塗ったことで、
家がすっきりと浮かび上がって見えますね。

「そらまめちゃんたちは、お風呂が大好きなの」

「電車に乗ってお出掛け！　お買い物をしたり、
ジュースを飲んだり、ゲームをしたり…」

ここに注目 お話の中に、いつもの生活の様子が反映されています。

「みんな仲良し大家族。さやえんどう
くんが遊びに来ているんだ」

ここに注目 絵本をきっかけに、自分なりの
物語を作っていきました。

「そらまめ電車が通りま〜す。
お客さんがたくさん乗れるように、
タイヤをたくさん付けたんだ」

「遠足に出発！　最初は温泉だよ」

73

花時計

日常生活の中で、時計に興味を示したり、数字に関心をもったりしていることから、花時計をテーマに お話作りを楽しみながら描いていきます。時の記念日に合わせたり、絵本や花時計の写真を見たりする ことから、取り組んでみましょう。

用意するもの

- 白画用紙（四つ切り）
- 油性フェルトペン（黒）
- 水性カラーフェルトペン
- 絵の具（いろいろな色。混色をして水で薄めて おく。白の混色は避ける。色作りはP.27・P.67 参照）
- 画板　● ぬれ雑巾

導入時におすすめ
色画用紙で作った花時計

子どもが描きたくなる♪
導入のことばがけ例

 お部屋の時計は、給食の時間やお迎 えの時間を教えてくれて、とっても 働き者だね。
└ 興味や関心を誘う

うん！　給食のときは長い針が6、 ぼくのお迎えは3と6なの。

 お庭のヒマワリもね、太陽に向かっ て動いていくから、見ていると時計 みたいに時間が分かるかも。
└ イメージを膨らませる

ヒマワリ時計だ！　種の中に1・ 2・3…の数字が入っているかも！ 点々の印にもなるよ。

 お花の中にも長い針と短い針があっ て動くと楽しいね。いろいろな色の お花があってもきれいだね。
└ イメージを膨らませる
時計の周りには誰がいるのかな？ 何をしているのかな？
└ 発想を引き出す

子どもたちや動物たちがやって来 て、遊んだりお弁当を食べたりする の。おじさんがやって来て、時計の 修理もするよ！

 そしたら、きれいなお花の時計を、 みんなで描いてみよう！　まずは黒 のペンで、お花の時計や周りの様子など、 お話を考えて描いていこうね。後で、カラー ペンと絵の具で色を塗ろうね。細かい部分 はカラーペンで、広い部分は絵の具でね。
└ 活動の流れと画材の使い方を伝える

❶ 油性フェルトペン（黒）で描く

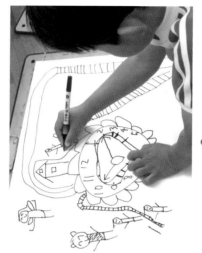

イメージを膨らませ、 花時計のお話を描い ていきます。

活動を支えるヒント💡

子どもがイメージをもちやすいように 導入時に色画用紙で作った花時計を 使い、割りピンで留めた針を動かしな がらお話を進めていきました。

活動を支えるヒント💡

数字を正確に書くことや、時計の中にバラン ス良く並べることを求めすぎると、描く意欲 や楽しさが失われます。逆さ文字になったり、 間隔を詰めすぎたりするのは、幼児ならでは のかわいらしさと受け止め、時計や数字に 興味をもったことをきっかけに、イメージを広 げながら楽しく描けるようにしましょう。

❷ カラーフェルトペンや絵の具で色をつける

細かい部分はペンで、広い部分は絵の具で色をつけていきます。

一人ひとりの表現を読み取ろう

「ようこそ、ヒマワリの世界へ♡ 数字の代わりに、ヒマワリの種が時間を知らせるんだよ」

ここに注目👆 自分なりにイメージを広げ、丁寧に描いています。

「雨が降ってきて、雷もゴロゴロ…！ 早くおうちに帰らなくっちゃ！ 大変だ！」

「動物や虫さんたちが住むマンションに、お花の時計があってね…」

「夜には花火が上がって、みんな花時計のある公園に集まって来たの」

ここに注目👆 黒のペンで空を少し塗っただけで、夜の時間帯を表現できています。

「迷路みたいに、はしごをいっぱい掛けたの。一つ飛ばしで色を塗るときれいだよ。でも、ちょっと大変になってきたから二つ飛ばしにしよっと」

ここに注目👆 カラーフェルトペンで塗るのが楽しくなったようです。最後まで丁寧に塗っていましたが、自分で調整していくところがおもしろいですね。

「太陽に届きそうなぐらい背高のっぽの花時計！ チョウチョウも遊びに来たよ」

「虫さんたちが、今何時？ って聞いているの」

サンタの住む街

子どもたちが楽しみにしているクリスマス。自分なりにイメージを広げ、サンタクロースの世界を描いていきます。サンタの家族や街の様子など、お話がどんどん広がっていくといいですね。

用意するもの

- ●画用紙（白、うすピンク、うす水色、うすクリーム　など。四つ切り）
- ●油性フェルトペン（黒）
- ●水性カラーフェルトペン
- ●パスまたはクレヨン　●色鉛筆
- ●絵の具（いろいろな色。混色をして水で薄めておく。色作りはP.27・P.67参照）
- ●画板　●ぬれ雑巾

導入時におすすめ
絵本『100にんのサンタクロース』（文渓堂）

① 油性フェルトペン（黒）で描く

イメージを膨らませ、サンタの世界を描いていきます。

子どもが描きたくなる♪
導入のことばがけ例

 もうすぐ、みんなが楽しみにしているクリスマスだね。サンタクロース、来てくれるかな？
└興味や関心を誘う

うん、もうプレゼントもお願いしているの！

 今頃、みんなのプレゼント作りに大忙しだろうね。子どものサンタもお手伝いしているかもね！　どんなお手伝いをしているんだろう？
└発想を引き出す

お買い物をしたり、プレゼントを箱に入れたり、トナカイのお世話をしたり…自分たちのツリーも飾らないといけないし、大忙しだ！

 街中がクリスマスになっているかもね！　雪も降っているかな？
└イメージを膨らませる

雪がいっぱい降っていて、雪遊びもできるよ！

地球の反対側は、夏かもしれないよ！

 じゃあ、みんなの考えたサンタの街の様子を描いてみよう！
まずは黒のペンで描いていくよ。お話がいっぱい描けたら、後で絵の具（またはカラーペン、パス　など）で色をつけようね。
└活動の流れを伝える

② 色をつける

絵の具やカラーフェルトペン、パスなどを使って、丁寧に色をつけていきます。

活動を支えるヒント

着色には絵の具、カラーフェルトペン、パス、クレヨン、色鉛筆などが使えます。子どもたちが自分で画材を選べるような環境をつくることは大切ですが、自由に選択できる環境が、かえって表現を邪魔したり、乱雑さにつながったりすることもあります。その場合は、使う画材を限定し、描くことに集中できるような環境をつくりましょう。子どもに任せ切りにするのではなく、どんな方法が良いのか、ふだんの子どもたちの様子をしっかりと観察して、保育者が判断することも必要です。

着色のバリエーション

パス＋白の絵の具

「赤いサンタと青いサンタだよ」
色画用紙は薄い色を使い、絵の具は白だけを用意しました。

カラーフェルトペン＋絵の具

「子どものサンタたちも大忙し！」
細かい部分はペンで、広い部分は絵の具で塗っています。白画用紙なので、雪は青い絵の具で表しています。

パス

「虹色の屋根だよ」
パスで丁寧に塗っています。しっかりと力を入れて塗っているので、発色の良さが映えていますね。

一人ひとりの表現を読み取ろう

ここに注目👆 カラーフェルトペンと絵の具で色をつけています。
ペンの発色がとてもきれいです。

「プレゼントをいっぱい用意したよ。みんな楽しみに待っていてね」

「夏のサンタ！　虫取りを
して遊んでいるの」

ここに注目👆

発想がおもしろく、お話が
膨らんでいるのが、子ども
らしくていいですね。

「トナカイたちは、お外で待っているの。ちょっと寒いね」

「サンタのおうちにもツリーを飾って
いるの。緑の服もすてきでしょ」

「サンタのおうちでも、クリスマスの用意を
しているんだよ」

ここに注目👆 白の絵の具は、黒いペンの色が
見えるよう、水で薄めています。

「雪がい〜っぱい降ってきたの。子ども
のサンタたちは、いろいろな色の服を着
ているんだよ」

墨汁

基本的な扱いは絵の具と変わりありません。絵の具を使うときの約束事を守れるようになったら、ぜひ挑戦できるようにしたいものです。程良い緊張感の中で、落ち着いてじっくりと取り組めるよう、丁寧な関わりを心掛けましょう。

墨汁を扱うときのコツ

濃度と色墨の作り方

原液だけでなく、少し水を加えたもので、濃淡を作っておきます。少量の絵の具を加えて、色墨を作るのもいいでしょう。

	濃	淡
墨汁		
墨汁＋赤		
墨汁＋青		
墨汁＋緑		

■ 墨汁の濃淡を生かして

● 「海賊船」(P.86)

墨汁の濃淡がとてもきれいです。子どもが自分で考えて使い分けられるようにしましょう。

■ 色墨の美しさを生かして

● 「忍者屋敷」(P.88)

墨汁の濃淡だけでなく、色墨の美しさも生かしながら描いています。

画用紙の選び方

おすすめの色

- シンプルに白い紙に描いた墨汁の色は、はっきりと引き立って見えます。白以外にも、薄い色（うす水色、藤色　など）や、渋い感じの色（ベージュ、灰色　など）を使ってもいいでしょう。
- 和紙（障子紙、版画用紙、奉書紙　など）を使うと、少しにじんだ感じがおもしろく、昔話などを描くには雰囲気がぴったりですね。画板と和紙との間には新聞紙を敷いておきましょう。

題材の選び方

子どもが墨汁の色からイメージしやすいもの（魔女、機関車　など）や、昔話など日本の伝統的な内容（かさじぞう、忍者屋敷　など）をテーマとするのが適しています。

配慮点

- 見た目では濃淡が分かりづらいので、カップに色見本を付けておきます。
- 乱雑な扱いにならないよう注意することは必要ですが、汚れを気にするあまり必要以上に緊張させてしまうと、描くことが楽しくなくなります。保育者も落ち着いて穏やかな関わりを心掛けましょう。
- 墨汁は、衣類に付くと取れにくいので、スモックなどを着用しましょう。
- 子どもたちが、床や手に付いた墨汁を自分で拭けるよう、ぬれ雑巾を多めに用意し、墨汁のそばなどに置いておきましょう。

スモックや着替え

ぬれ雑巾

準備しておこう

＊「カップに入れる量」や「筆を使うときの約束事」「筆の後始末」は絵の具と同じです（P.26を参照）。

油性フェルトペン(黒)＋カラーフェルトペン・絵の具

油性フェルトペンはイメージを膨らませて細かく描いていくのに適しています。墨汁と同じ黒を使うと統一感が出ます。

● 「かみなりさんがやってきた」
筆で描いた力強さと油性フェルトペンで描いた繊細さが映えますね。着色も、細かい部分はカラーフェルトペンで、広い部分は絵の具でと使い分けています。

● 「こぶとりじいさん」
油性フェルトペンで描いた後、絵の具で色をつけています。

＊油性フェルトペンと絵の具を併用するときは、油性フェルトペンで描いた線が消えないよう、白の混色は避け、水で薄く溶いた透明感のある絵の具を使いましょう (P.67参照)。

油性フェルトペン (黒) ＋コンテ

コンテは油性フェルトペンの所に色をつけるだけでなく、墨汁の上に描いても色が沈まずきれいに発色します。

● 「機関車」

白のコンテで描いています。はっきりと見えてきれいです。

パス＋絵の具

パスは細かく描き加えたり、色をつけたりしやすい画材です。絵の具も弾くので安心して併用できますね。

● 「かさじぞう」(P.84)
パスで描き加えた後に、白の絵の具で雪を描きました。

79

魔法使いになって

ハロウィンの行事や絵本などからイメージを広げ、魔法使いのお話を考えて描いていきましょう。どんな物語になるか楽しみですね。

用意するもの

- ●白画用紙（四つ切り）
- ●墨汁（原液のまま使用）
- ●油性フェルトペン（黒）
- ●コンテ（いろいろな色）
- ●筆　●画板　●ぬれ雑巾

導入時におすすめ
ペープサート

子どもが描きたくなる♪
導入のことばがけ例

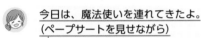
今日は、魔法使いを連れてきたよ。
（ペープサートを見せながら）
└ 興味や関心を誘う
魔法使いの乗り物は、何かな？

ほうきだよ！　ほうきに乗って
お空を飛べるんだよ！

みんながもし魔法使いになったら、
ほうきに乗ってどこに出掛けたい？
└ 発想を引き出す

魔法の国に行ってみたいな！
遊園地にも！

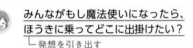
魔法使いはどんな帽子をかぶってい
るのかな？
└ 発想を引き出す

黒くて大きくて、先がとん
がっているけど、くちゃっ
て曲がっているよ。

髪の毛はフワフワかな？　靴や服
は？
└ イメージを膨らませる

じゃあ、真っ黒の墨を用意したから、
そんな魔法使いを描いてみよう！
└ 活動内容を伝える

墨で描けたら黒いペンで、誰と、どこに行
くか、何をしているのか、お話を作って周
りに描いていこうね。色をつけるのは、後
でコンテを用意するからね。
└ 活動の流れと画材の使い方を伝える

❶ 墨汁で描く

墨汁で魔法使いなどを描きます。

❷ 油性フェルトペン（黒）で描く

魔法の世界についてイメージを膨らませ、
お話作りを楽しみながら描いていきます。

❸ 色をつける

コンテで色を塗ったり、
描いたりします。

活動を支えるヒント

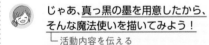

✔ コンテは縦に持ってしっかり
と塗り込んだり、横に寝か
せて薄く塗り広げたりするこ
とができます。右の作品の
空のように、横に寝かせて
塗った後、指でこすっても良
いでしょう（コンテの扱い方
はP.56参照）。

✔ 墨汁が乾いたら、上から重
ねてコンテで描いたり塗った
りすることもできます。

子どものつぶやきがいっぱい！

一人ひとりの表現を読み取ろう

4・5 歳児

「星の上を飛んでいるの」

「魔法使いの5人きょうだい。歩いた道には黒い足跡が！　でも、ほうきで掃くと消えるんだよ」

ここに注目 太陽をコンテでしっかりと塗り込み、指でこすりました。指に付いたコンテで太陽の周りや魔法使いの頬に薄く色をつけています。

ここに注目 コンテに夢中です。縦に持ってしっかりと塗り込んだり、横に寝かせて塗ったり、指でこすったりしています。

「魔法使いの住んでいるお城だよ。ロケットの基地もあって、発射！」

ここに注目 水色のコンテを綿でこすって、空を表現しました。

「魔女さんを遊園地に連れて行ってあげたの。うれしそうでしょ」

ここに注目 墨で描いた服や帽子の上に、コンテで模様などを描いています。

「大きなほうきにまたがって、さあ！　どこに行こうかな」

墨汁

カラスの森のお店屋さん

絵本『からすのパンやさん』を読んで、「いずみがもり」のお店屋さんについてイメージを膨らませていきます。さて、どんなお話が広がるでしょうか？

用意するもの

- 白画用紙（四つ切り）
- 墨汁（原液と、水を加えて薄めた墨汁で、3段階の濃淡を作る）

- 油性フェルトペン（黒）
- 絵の具（いろいろな色。混色をして水で薄めておく。白の混色は避ける。色作りはP.27・P.67参照）
- 筆 ● 画板 ● ぬれ雑巾

導入時におすすめ
絵本『からすのパンやさん』『からすのおかしやさん』(偕成社)　など

子どもが描きたくなる♪
導入のことばがけ例

 『からすのパンやさん』に出てきた、「いずみがもり」に行ったら、みんなはどんなお店を開きたい？
└ 絵本を振り返りながら、発想を引き出す

お菓子屋さん！　果物屋さん！

 じゃあ、「いずみがもり」のお店屋さんを描いてみようか！
まずは墨で森の木を描くよ。墨の色は濃い色、薄い色、中間の色の3色あるよ。
└ 画用紙の上に描いて見せながら、興味や関心を誘う

色の違いが分かるように、墨を塗った紙をカップに挟んでおくね。絵の具のときみたいに、カップの縁で筆をゴシゴシして、こぼさないように使ってね。手に付いたり床にこぼれたりしたら、慌てずに雑巾で拭こうね。└ 画材の使い方を伝える

 森の木はどんな感じにしようかな？画用紙を縦にしたら高い木を描けるし、横にしたら…。└ 発想を引き出す
木を何本描くか、高い木か低い木か、自分で考えて描いていってね。
└ イメージを膨らませる
木が描けたら、黒いペンでカラスやお店屋さんの様子も描いていこうね。後で、カラーペンや絵の具も用意するから、色をつけていこうね。└ 活動の流れを伝える

① 墨汁で描く

墨汁の濃淡を生かしながら、森の木々を描きます。

② 油性フェルトペン（黒）で描く

カラスの森のお店屋さんについてイメージを膨らませ、お話作りを楽しみながら描いていきます。

③ 色をつける

絵の具やカラーフェルトペンで色をつけます。

活動を支えるヒント

細かい部分はペンが塗りやすく、発色もきれいです。広い面などを塗るときには絵の具を使いますが、絵の具で細かい部分を塗るときには細い筆を用意しましょう。

「ピンクのかわいいドアが目印だよ。お花も咲いているから、見つけてね」

一人ひとりの表現を読み取ろう

「大きな木に、きれいな色の葉っぱがいっぱい！」

「お待ちどうさま。パンが焼けましたよ」

ここに注目 お客さんたちが並んで待っている様子を丁寧に描いています。

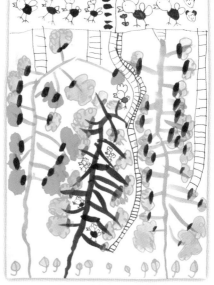

ここに注目 葉は、黄緑のペンで塗り込んだり絵の具で塗ったりしています。色の濃淡ができ、きれいですね。

「こげたパンでいっぱいになったの。でもおいしいよ！」

ここに注目 絵本の内容が印象に残っていて、それをもとに、自分なりの表現で描いています。

「カラスたちは、みんなコックさんだよ」

ここに注目 墨汁の濃淡を生かし大胆に木を描いた後、油性フェルトペンで細かく丁寧に描いていきました。

「木の上に、みんなのおうちがあるんだよ」

「みんなでお手伝いしているの」

墨汁

かさじぞう

日本の昔話『かさじぞう』を読んで、自分なりにイメージを広げて描いていきます。昔話の雰囲気に合わせて、墨汁を使います。

用意するもの

- 色画用紙（藤色、灰色、うす水色　など。四つ切り）
- 墨汁（原液と、水を加えて薄めた墨汁で、3段階の濃淡を作る）

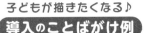

- 絵の具（白、黄土＋茶（少々）、赤＋橙）
- パスまたはクレヨン
- 筆　●画板　●ぬれ雑巾

導入時におすすめ

ペープサート：墨の濃淡や、パス・絵の具との併用が分かりやすいようにします。

子どもが描きたくなる♪
導入のことばがけ例

『かさじぞう』、とっても優しいお話だったね。
└ 絵本を振り返る

雪がいっぱい降って寒そうだったから、おじいさんが"笠"をかぶせてくれたんだよ。

そうだね、優しいおじいさんだったね。お地蔵様もとても優しくて、子どもたちみんなを守ってくれているんだよ。だから「ありがとう」って、お花やお菓子などをお供えするんだよ。
└ 興味や関心を誘う

みんなはどんな物をお供えしたいかな？
└ 発想を引き出す

リンゴやミカン！　おもちゃも！

きっとお地蔵様は大喜びだね。じゃあ、お地蔵様を描いてみよう！今日は墨を使って描くよ。これは、小学生がお習字をするのに使っているんだよ。
└ 興味や関心を誘う

絵の具のときみたいに縁で筆をゴシゴシして、こぼさないように使おうね。
濃い色、薄い色、中間の色の3色を用意したよ。色の違いが分かるように、墨を塗った紙をカップに挟んでおくね。はっきりと見えてほしい所は濃い墨を使ってね。お供え物を描いたり、色を塗ったり、筆で描きにくかったりする所はパスを使おうね。
└ 画材の使い方を伝える

① 墨汁で描く

墨汁の濃淡を生かしながら、お地蔵様を描きます。

② パスで描く

『かさじぞう』のお話をきっかけに、自分なりにイメージを広げて描いていきます。

③ 絵の具で描いたり塗ったりする

雪や笠、前掛けなどを絵の具で描いたり塗ったりします。

活動を支えるヒント

雪や笠、前掛けなどの色を意識して絵の具は用意しますが、パスと絵の具のどちらを使ってもいいですね。子どもが自分で選んで使えるようにしましょう。

活動を支えるヒント

薄い墨はお地蔵様の体を塗るのに使えます。お地蔵様の目や口は、墨でもパスでも、子どもが使いやすいほうを選べるといいですね。

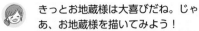
「お正月のお餅もお供えしたよ」

84

子どものつぶやきがいっぱい！
一人ひとりの表現を読み取ろう

「山の向こうから歩いて来たの」

 お地蔵様の体や耳は、薄い墨で塗っています。目や口は筆では描きにくかったようで、パスをうまく使っています。

「そりに果物をいっぱい積んで、おじいさんの所に運んでいるの」

ここに注目 ☞ 雪はパスで丁寧に塗っています。

「傘やお供え物の上に、雪がのっているの」

ここに注目 ☞ パスは絵の具を弾くことに気付いたようです。

「優しいお地蔵様」

「果物をたくさんお供えしているの。おいしくなるように、丁寧に色を塗ったよ。シャリンシャリンって音の鳴る杖も持っているんだよ」

ここに注目 ☞ 絵本の内容も振り返りながら描いています。

「おいしいりんごをどうぞ」

ここに注目 ☞ 墨汁とパスと絵の具を、自分なりに考えて使い分けています。

「みんなの声がよく聞こえるように、お耳が大きいの」

海賊船

絵本や図鑑からイメージを広げ、帆に風を受けて進む帆船を描きます。海賊たちを主人公にすることで、お話がどんどん膨らんでいくことでしょう。

用意するもの

● 白画用紙（四つ切り）
● 墨汁（原液と、水を加えて薄めた墨汁で、3段階の濃淡を作る）
● 油性フェルトペン（黒）
● カラーフェルトペン
● 絵の具（いろいろな色。混色をして水で薄めておく。白の混色は避ける。色作りはP.27・P.67参照）
● 筆　● 画板　● ぬれ雑巾

子どもが描きたくなる♪
導入のことばがけ例

風を受けてどんどん進んでいく帆船！ かっこよかったね！ マストっていう高い柱に、大きな布の帆を付けて、ロープで動かしながら進んでいくんだよ。
└ 興味や関心を誘う

海賊たちはどこに行くんだろう？
└ 興味や関心を誘う

宝島に宝物を探しに行くんだよ！ マストの上には見張り番の海賊がいて、望遠鏡で見てるんだよ！

そうだね。そんな帆船を黒い墨で描いてみよう！
墨の色は濃い色、薄い色、中間の色の3色あるよ。薄い墨は、色を塗るのにも使えるね。└ 画用紙の上に描いて見せながら、興味や関心を誘い、画材の使い方を伝える

墨の色の違いが分かるように、墨を塗った紙をカップに挟んでおくね。絵の具のときと同じように、カップの縁でゴシゴシしてこぼさないように使おうね。
└ 画材の使い方を伝える

大きな帆船に、マストを何本立てようかな？ 風を受ける帆はどんなふうに描こうかな？ って考えながら、3つの墨を使って描いていってね。
└ 発想を引き出しながら画材を確認する
船が描けたら、海賊たちのお話を作りながら、黒いペンで描いていこうね。また後で、カラーペンや絵の具で色を塗っていこうね。└ 活動の流れや、画材を伝える

① 墨汁で描く

墨汁の濃淡を生かしながら、帆船を描きます。

② 油性フェルトペン（黒）で描く

海賊船についてイメージを膨らませ、お話作りを楽しみながら描いていきます。

③ 色をつける

絵の具やカラーフェルトペンで色をつけます。

活動を支えるヒント

海など広い面を塗るときには、太い筆を使い、絵の具で塗ります。細かい部分を塗るときには細い筆を用意しましょう。ペンと併用してもいいですね。

一人ひとりの表現を読み取ろう

「海賊たちが集まってきたよ」

ここに注目 ペンと絵の具をうまく使い分けて色をつけています。

「大海原へ出発だ！」

ここに注目 青の絵の具で空を塗っているだけですが、画面全体が海のイメージになっています。

「小さい船を出して、宝物がないか調べているの」

ここに注目 自分なりに物語を作り、海賊船の様子を描いています。

「地下室もあるんだよ」

ここに注目 船の形がおもしろいですね。どんどんイメージが広がります。

「お魚がいっぱい集まってきて、一緒に泳いでいるの。あ！　宝島が見えた！」

ここに注目 薄い墨と絵の具を混ぜながら船を塗っています。不思議な深みのある色ができていますね。

「旗を風でパタパタさせているの」

ここに注目 濃い墨と薄い墨を使い分け、海賊船の雰囲気を表しています。

ここに注目 縦に画用紙を使い、マストの高さを表現しています。

墨汁

忍者屋敷

忍者の絵本を読んで、いろいろな忍術に興味をもった子どもたち。忍者屋敷のイメージに合わせて、墨汁を使って描いてみましょう。「忍者の修行ごっこ」を遊びの中に取り入れても楽しいですね。

● 用意するもの ●

- 白画用紙（四つ切り）
- 墨汁（水で薄めた墨汁に赤と青の絵の具を少量混ぜて色墨を作る）

原液　水で薄める　＋赤　＋青

カップに色見本を付けておく
薄めた墨　水で　原液　墨＋青　墨＋赤

- 油性フェルトペン（黒）　● 水性カラーフェルトペン
- 絵の具（いろいろな色。混色をして水で薄めておく。白の混色は避ける。色作りはP.27・P.67参照）
- 筆　● 画板　● ぬれ雑巾

導入時におすすめ
絵本『わんぱくだんのにんじゃごっこ』（ひさかたチャイルド）

子どもが描きたくなる♪
導入のことばがけ例

 忍者はいろいろな術が使えたね。忍者屋敷の屋根の上からは、どうやって降りて来るのかな？
└ 発想を引き出す

ひもでシュルシュル…って降りてきたり、縄ばしごを掛けたり！

 分身の術を使って、たくさんの忍者が降りて来たら、びっくりだね！ └ 興味や関心を誘う
今から墨を使って忍者屋敷を描こうと思うんだけど、こんな色の墨があるから、まずは丸や四角の石を積んで丈夫な石垣を描いてみるね。
└ 実際に描いて見せながら、色の違いや画材の特徴や使い方を伝える

この石垣の上にどんなお城を描いていこうかな？
└ 発想を引き出す

2階建て、3階建てになっていたり、窓があったり…。

どんな屋根だと思う？
└ 発想を引き出す

いっぱい瓦が並んでいたり、端っこがツノみたいに上がっていたり…。

 そんなお城が描けたら、この黒のペンで忍者を描いたりお話を考えて描いたりしていこうね。後で、カラーペンや絵の具で色をつけていこうね。└ 活動の流れや、画材の使い方を伝える

---

① 墨汁で描く

墨汁の濃淡や色の違いを生かしながら、忍者屋敷を描いていきます。

活動を支えるヒント
石垣を積み上げるところをイメージし、実際に描いて見せることで、墨汁の濃淡や色の違いを分かりやすく伝えることができます。

② 油性フェルトペン（黒）で描く

忍者や忍者屋敷についてイメージを膨らませ、お話作りを楽しみながら描いていきます。

③ 色をつける

絵の具やカラーフェルトペンで色をつけます。

活動を支えるヒント
細かい部分はペンが塗りやすく、発色もきれいです。広い面などを塗るときは絵の具を使いますが、絵の具で細かい部分を塗るときには細い筆を用意しましょう。

一人ひとりの表現を読み取ろう

ここに注目 石垣や屋根の瓦を一つずつ丁寧に描いていきました。

「忍者たちがいろいろな技を競い合っているの」

 ここに注目 墨汁の濃淡、色の違いをうまく使って描いています。

「二つの忍者屋敷が並んでいてね…」

ここに注目 自分なりのイメージを、どんどん絵に表していきました。

「赤い手裏剣をシュシュシュ…水の上も歩けるよ！」

「忍者の子どもたちが、練習しているの」

「まあるい石や小さい石をたくさん集めて、石垣を作っているの」

貼り絵

まずは、紙を切って形を作ったり、画面上で組み合わせて構成したりすることを楽しみましょう。それらを四つ切り画用紙に貼って描くきっかけにすることで、イメージを膨らませやすく、楽しい描画活動へと展開しやすくなるでしょう。

貼り絵をするときのコツ

準備物

◀ のり台紙

床や机、画用紙の上などにのりが付かないよう、台紙の上でのりを付けましょう。チラシなど不要な紙でもいいですが、紙パックを切り開いたものやクリアフォルダーなど、拭いて繰り返し使える物もいいですね。

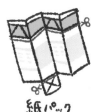

紙パック

クリアフォルダー

◀ 手拭きタオル

指に残ったのりは、のりの容器に戻してから、ぬれた手拭きタオルで拭き取ります。のりと手拭きタオルは、紙パックなどの容器に入れてまとめておくといいでしょう。手拭きタオルで画用紙がぬれることを防げます。

◀ 色画用紙

八つ切り画用紙を½〜¼程度に切り、子どもの手で扱いやすい大きさにしておきます。
端紙（使いさしの色画用紙）を色別に分け、かごなどにまとめて入れ、いつでも出して使えるようにしておくと便利です。紙を大切に使う習慣が身についていきます。かごに入れる色画用紙は乱雑にならないよう、できるだけ四角く切りそろえるようにしましょう。子どもたちと一緒に整理するのも楽しいですね。

はさみの使い方

大きく開き、刃の根元で切る

親指を上にして持ち、はさみの口を大きく開き、刃の根元のほうで切ります。

紙を動かす

はさみの位置は動かさず、紙を切りたい方向へ動かして切ります。

注意 紙は端から使う

紙を切るときは真ん中から切るのではなく、端から切るようにしましょう。

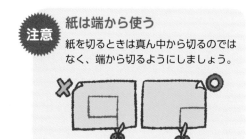

指示線を書かずに丸く切ってみよう

方法1 角を切って丸くする

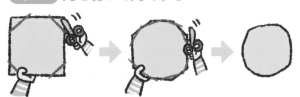

方法2 紙を回しながら丸くする

一つの角から切り始める

のりの付け方

小さめの紙

紙の真ん中に少しだけのりを付け、塗り広げます。

大きな紙

紙の縁に沿って線上にのりを付け、真ん中に少しだけ塗り広げます。

つないだり
組み合わせたり

紙と紙が重なる部分にだけのりを付けて貼ります。

色画用紙の組み合わせ方

台紙となる四つ切りの色画用紙と上に貼る色画用紙は、濃さや色味を変えて、ある程度区別がつく色合いにしましょう。

●「手袋のおうち」(P.102)

台紙の色画用紙（水色　など）は、手袋の色（うす水色　など）との区別がつきやすい色を使用することで、手袋の中と外の表現が分かりやすくなります。黒いペンがよく見えるよう、色画用紙は全て薄い色合いを選びました。

作った物を貼る＋描く

●「虫さんとお友達」(P.94)

まずは、虫を作ることを楽しみました。できあがった虫を画用紙に貼り、イメージを膨らませて、油性フェルトペンなどで描いています。
作る活動と描く活動を2回に分けて取り組むと、落ち着いてじっくりと両方の活動を楽しめますね。

＊油性フェルトペンで描いた後で、絵の具を使用する場合は、水で薄く溶いた絵の具を使います。絵の具の作り方や混色の仕方などはP.26〜27・P.67を参照してください。

構成しながら画用紙に貼る＋描く

●「虹色の紙から…おうちを建てよう！」(P.96)

絵の具を付けたスポンジで描いた虹色の画用紙を細長く切り、画用紙の上で構成を楽しみながら、のりで貼って家を作りました。できあがった家をきっかけに、イメージを膨らませて描いています。

イメージを膨らませて描こう

注意 のりでペン先が傷まないように

はみ出したのりが乾いていないうちにペンを使うと、ペン先にのりが付き、かすれの原因に。のり付けを丁寧に指導したり、のりが乾いてから描くように伝えたりすることで、ペン先を傷めないようにしましょう。

宇宙探検

宇宙飛行の報道や、七夕やお月見の行事、絵本などから、宇宙への関心を高めていきます。一人ひとりがイメージを膨らませ、楽しい描画活動に展開できるといいですね。

用意するもの

- ●色画用紙(水色、青、黄緑、黄、ピンク など。八つ切りの1/2)
- ●端紙(使いさしの色画用紙)
- ●白画用紙(四つ切り)
- ●はさみ　●のり　●のり台紙
- ●手拭きタオル　●油性フェルトペン(黒)
- ●水性カラーフェルトペン　●画板

導入時におすすめ
絵本『うちゅうひこうしに　なりたいな』(ポプラ社)

子どもが描きたくなる♪
導入のことばがけ例

ロケットや宇宙船を作る

 宇宙に行くなら、何に乗って誰と一緒に行きたい?
└ イメージを膨らませる

 みんなでロケットや宇宙船を作ってみよう!　大きめの画用紙を切ったら、翼や窓を付けて…かっこいい飾りや電気も付いているのかな?
└ 発想を引き出す

貼って描く

 すてきなロケットや宇宙船ができたね。これに乗って宇宙探検に出掛けたら、どんなものに出会うんだろう?
└ 発想を引き出す

火星人や宇宙の生き物!

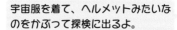 探検には、何を着て行こうか?
└ イメージを膨らませる

宇宙服を着て、ヘルメットみたいなのをかぶって探検に出るよ。

 飛んで行ってしまわないように、ひもでつないでおかないといけないね。

迷子にならないようにね!

 じゃあ、画用紙に貼って、いろいろなお話を考えながら、この黒いペンで描いていこうか!　後でカラーペンで色を塗っていこうね。
└ 活動の内容や流れを伝える

① ロケットや宇宙船を作る

色画用紙を切ったり貼ったり組み合わせたりしながら作っていきます。

活動を支えるヒント
宇宙船やロケットの形を工夫したり、窓やライトを付けたり飾ったり、いろいろな表現が楽しめるようにしましょう。

③ 油性フェルトペン(黒)で描く

自分なりにイメージを膨らませ、黒の油性フェルトペンで描いていきます。

② のりで貼る

裏返して置き、縁に沿ってのりを付け、白画用紙に貼ります。

④ カラーフェルトペンで塗ったり描いたりする

丁寧に色をつけていきます。

活動を支えるヒント
✔ ペンの色が映えるよう、白画用紙を使いました。黄色い星を丁寧に塗ることで、宇宙や夜空を表しています。青や黒などの色画用紙を使わなくても、十分に伝わってきますね。

✔ 濃い色画用紙を使用する場合は、周りの絵を白のパスで描いてから、いろいろな色のパスで塗っていくと良いでしょう。

「きれいなお星様が見えたの!」

子どものつぶやきがいっぱい！
一人ひとりの表現を読み取ろう

「ぼくの宇宙船、かっこいいでしょ！　お星様もいろいろな色でキラキラ光っているの」

ここに注目　宇宙船の形が工夫されていてすてきですね。

「みんなで宇宙探検！　あ！　火星人発見！」

ここに注目　開け閉めできる窓を作ったり、階段折りをしたり、宇宙船を作ることも楽しかったようです。

「お月様ではウサギがお団子をいっぱい作っているの。あ！　雨が降ってきた！」

ここに注目　子どもならではの発想と表現です。

「宇宙にも花火が上がってすごくきれい！　服もきれいな色になったよ」

「みんなでつながって、UFOを見に行っているの。迷子にならないでね」

ここに注目　点を打って表したのは宇宙に無数にある星です。最後まで根気強く描いていました。

貼り絵

虫さんとお友達

虫に興味をもち始めると、大好きな図鑑を開いて、虫の名前や特徴などを話し合う姿が見られます。そんな子どもたちの様子から、色画用紙で虫を作ったり、お話作りを楽しみながらペンで描いたりといった活動につなげてみましょう。

用意するもの

- ● 色画用紙（八つ切りの1/2）
- ● 端紙（使いさしの色画用紙）
- ● 白画用紙（四つ切り）
- ● はさみ　● のり　● のり台紙
- ● 手拭きタオル　● 油性フェルトペン（黒）
- ● 絵の具（いろいろな色。混色をして水で薄めておく。白の混色は避ける。色作りはP.27・P.67参照）
- ● 筆　● 画板　● ぬれ雑巾

子どもが描きたくなる♪
導入のことばがけ例

虫を作る

 虫の図鑑には、どんな虫が載っていたかな？　どの虫がお気に入り？
└ 内容を振り返り、興味や関心を誘う

 クワガタムシ！　カブトムシ！

 じゃあ、色画用紙で自分のお気に入りの虫を作ってみようか。
└ 活動内容を伝える
自分で図鑑に載っていない、新しい虫を作ってもいいね。
└ 発想を引き出す

虫を貼って描く

 みんなが作った虫をのりで貼ったら、自分で好きなお話を考えて、黒いペンで描いていこうね。
└ 活動の内容や流れを伝える
どんなお話にしようかな？
└ 発想を引き出す

 私はすごく大きく作ったから、みんなを背中に乗せて遠足に行けるよ！

 じゃあ、のり台紙の上に虫を裏向きに置いて、ぐる～っと周りにのりを付けてね。細い足にものりを付けるのを忘れないでね。
└ のりの使い方を確認する
貼れたら、黒いペンでお絵描きしていこう。色をつけたかったら、絵の具を用意するからね。
└ 活動の内容や流れを伝える

---

① 虫を作る

色画用紙で虫を作ります。図鑑や絵本などを見たり、自分でオリジナルの虫を作ったりします。作った虫は、道具箱の中にまとめて入れておきましょう。

活動を支えるヒント

虫に興味をもち始めると、図鑑を見てそっくりに作りたがる子どももいます。ここでは本物そっくりに作ることをねらいとせず、本には載っていないようなおもしろい形の虫作りを提案することで、オリジナルのいろいろな虫作りを楽しめるでしょう。

② のりを付けて画用紙に貼る

のり台紙の上に①で作った虫を裏返して置き、ふちに添ってのりを付けて白画用紙に貼ります。

③ 油性フェルトペン（黒）で描く

自分なりにイメージを膨らませ、黒の油性フェルトペンで描きます。

④ 絵の具で色をつける

水で薄く溶いた絵の具で色をつけていきます。

活動を支えるヒント

絵の具で色をつけ始めても、また油性フェルトペンで描き足すこともあります。ペンはすぐに片付けてしまわず、手元に置いておくようにしましょう。

もう少しこっちまで道を伸ばそうっと

一人ひとりの表現を読み取ろう

 切り抜いた画用紙の形が、ちょうどクワガタにピッタリ！　お花の数で足し算をしています。シンプルでとてもかわいい絵です。

「太陽の塔まで、虫さんたちが遠足に行っているの。観覧車にも乗って楽しかったよ」

ここに注目 実際の生活の中での「遠足」という経験が、この絵の中の空想の世界にも、物語として表れています。実際の経験と空想の世界とがリンクしながら、自分の世界をつくっているのが子どもらしくていいですね。

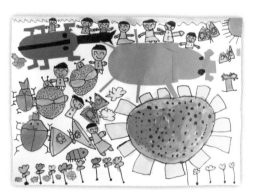

「バッタが白い羽を広げて、空に飛ぼうとしているの。チョウチョウが"こっちだよ"って言っているの」

「大きなヒマワリの周りにみんな集まってきたの」

「クワガタが"みんなおいで！"って言っているの」

ここに注目 おしゃべりがたくさん聞こえてきそうな、楽しい絵です。

「虫さんたちに乗ったら、動きだして、ちょっとびっくり！」

虹色の紙から…おうちを建てよう！

水を湿らせたスポンジに絵の具を付けて、虹色の紙を作ります。その紙を細長く切って柱などに見立て、画用紙に貼っておうちを建てていきましょう。どんなおうちになるのか楽しみですね。

用意するもの

虹色の紙作り

- ● 絵の具（少し濃いめに溶いておく）
- ● スポンジ（子どもの手に収まる大きさ）
- ● 水の入ったバケツ　● アイスの棒
- ● 白画用紙（四つ切りの1/4）
- ● ぬれ雑巾

おうち作り

- ● 白画用紙（四つ切り）
- ● はさみ　● のり　● のり台紙
- ● 手拭きタオル　● 油性フェルトペン（黒）
- ● 水性カラーフェルトペン
- ● 絵の具（いろいろな色。混色をして水で薄めておく。白の混色は避ける。色作りはP.27・P.67参照）
- ● 筆　● 画板　● ぬれ雑巾

子どもが描きたくなる♪
導入のことばがけ例

きれいな虹色の紙ができたね。この紙を横にして縦に切っていくと、こんなにきれいな細い紙ができるよ。たくさん作ってみるね。
└ 実際にやって見せながら、興味や関心を誘う
これを画用紙の上に貼って、虹色のおうちを建てようと思うんだ。

大工さんみたい！

どんなふうに組み立てる？
└ 構想を促す

縦に柱を立てて、横にも貼って…2階建てがいいなあ！

じゃあ、自分でどんなおうちにするか考えたら、のりで貼っていってね。貼れたら、黒のペンでおうちの中の様子を描いていこうね。黒いペンで描いた後、色を塗りたかったら、カラーペンや絵の具も用意するからね。
└ 活動の内容や流れを伝える

ところで、誰が住んでいることにする？　何があるのかな？
└ 発想を引き出す
自分でいろいろ考えて描いていってね。

① スポンジを水でぬらし、絵の具を付ける

水で湿らせたスポンジを軽く絞ってから、端に絵の具を並べます。

アイスの棒
水で湿らせたスポンジ

活動を支えるヒント
絵の具は、少し濃いめに溶いておきます。水加減が大切です。保育者も事前に試しておきましょう。

② ①を紙の上に置き、ずらしていく

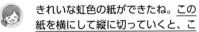

片方の手はしっかりと紙を押さえ、ゆっくりとずらしていきます。

1本目の後に、2本目、3本目と並べていくと、きれいな虹色の紙ができあがります。

活動を支えるヒント
- ✔ 色を変えるときにはスポンジをバケツの水で洗います。濁ってきたら変えるようにしましょう。
- ✔ 友達とスポンジを交換し合って使うのもいいですね。
- ✔ 試したり工夫したりしながら、何枚も虹色の紙作りを楽しめるようにしましょう。

③ 虹色の紙を細長く切り、画用紙に貼って家を建てる

虹の模様を横向きに置き、縦に細く切っていきます。切った紙を柱などに見立て、四つ切り画用紙に貼って家を作ります。

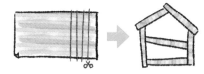

活動を支えるヒント
子どもとやり取りしながら、子どものイメージに合わせて、虹色の紙を画用紙の上に置き、イメージが膨らむようにしましょう。

④ 油性フェルトペン（黒）で描き、カラーフェルトペンなどで色をつける

「大きなおうち。鳥や動物たちも遊びに来たよ」

「お空の虹に届くくらい、たか〜いおうちなの。階段も虹色！」

ここに注目 中央の階段の部分は、紙を切り抜いて作っています。

「みんなが遊びに来たよ。それからね…」

ここに注目 お話がたくさん詰まっていて、楽しい絵ですね。家だけでなく、空にも虹色の紙を使っています。

「家の中に大きな滑り台！　スルスル…って降りて来るの」

ここに注目 ゲームのように、いろいろな遊び場をつくっています。

「いろいろなお部屋があるの。屋上には太陽の塔がのってるの」

「屋根の所は、タイルみたいにしたの」

「ベッドも虹色なの。きれいだから、チョウチョウも集まってきたんだよ」

うろこがとってもきれいだよ

絵本『にじいろのさかな』を読んで、きれいなうろこに興味をもった子どもたち。絵本からイメージを膨らませてお話作りを楽しみながら描きましょう。

用意するもの

- 色画用紙（八つ切りの1/2）
- 端紙（使いさしの色画用紙）
- 色紙（いろいろな色、銀色）
- 白画用紙（四つ切り）　● はさみ
- のり　● のり台紙　● 手拭きタオル
- 絵の具（いろいろな色。混色をして水で薄めておく。白の混色は避ける。色作りは P.27・P.67参照）
- 筆　● 画板　● ぬれ雑巾

導入時におすすめ
絵本『にじいろのさかな』（講談社）

子どもが描きたくなる♪
導入のことばがけ例

魚を作る

 『にじいろのさかな』の絵本、どんなところがすてきだった？
┗ 絵本を振り返る

うろこがとってもきれいで、銀色のうろこがきらきら光っていたよ。

 じゃあ、みんなもきれいなうろこのお魚を作ってみようか！
まずは、好きな色画用紙を選んでお魚の形に切るよ。ひれの色を変えてみてもいいね。
┗ 実際にやって見せながら、紙を組み合わせて作ることを伝える

うろこは、色紙を2回折って、はさみで切ると、一度に4枚になるよ。
┗ 実際にやって見せながら、興味や関心を誘う
のりしろを少しだけ折って、貼ってみてね！
┗ のりの付け方を伝える

魚を貼って描く

 みんなが作ったすてきなお魚を画用紙に貼って、お絵描きしようと思うんだけど、どんなお話にする？
┗ 活動内容を伝え、発想を引き出す

タコ、イカ、カニ…いろいろな生き物が一緒に暮らしているよ。

 じゃあ、魚を貼ったら黒いペンでお絵描きをしていこうね。後で絵の具を用意するから、細かい部分は細い筆、広い面は太い筆を使ってね。
┗ 活動の流れや、画材の使い方を伝える

① 魚を作る

色画用紙で魚の形を作り、色紙で作ったうろこを貼ります。

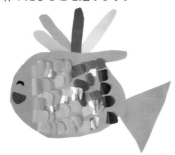

活動を支えるヒント

✔ 尾びれ、背びれ、腹びれは、いろいろな色や形を組み合わせて作るように伝えると、より魚作りが楽しくなります。

● うろこの作り方

うろこを作るときのポイントは次の2点です。
① 重ね切り
1/4サイズの色紙を更に四つ折りにし、重ねた状態で切ると、同じ形のうろこが4枚できます。
② のりしろ
のりしろを折ってのりを付けることで、跳ね上がった感じのうろこができます。

1/4サイズの色紙

折り畳んで切る　　　折る　のりしろ

② 画用紙にのりで貼る

①で作った魚を裏返し、ふちに沿ってのりを付け、四つ切り画用紙に貼ります。

③ 油性フェルトペン（黒）で描く

自分なりにイメージを膨らませ、油性フェルトペンで描きます。

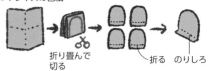

④ 絵の具で色をつける

活動を支えるヒント

細かい部分を塗るときは細い筆、広い面を塗るときは太い筆を使うように伝えましょう。

一人ひとりの表現を読み取ろう

4・5 歳児

「泡ぶくがつながって、みんなのおうちになったよ」

ここに 注目 それぞれに家族がいて、みんな仲良く暮らしていることをうれしそうに話してくれました。

「わ～！ 怖い魚がやって来た！ 逃げろ逃げろ！」

ここに 注目 魚たちの表情をうまく表し、動きを感じる構図で、大胆な表現が魅力的ですね。

「海の中にはいろいろな生き物が住んでいるんだよ」

青い絵の具を使った水の中の表現も様々！

「お魚のお口から、泡がブクブク…」

ここに 注目 丸い泡を青い絵の具で塗って、水の中を表しています。

「波がザブンザブン…」

ここに 注目 青い絵の具で波の動きを表しています。

「お水の中は、涼しくて気持ちが良いよ」

ここに 注目 全体を青い絵の具で塗って、水を表しています。

お友達とおでかけ

色画用紙で自分や友達を作り、貼ってから描いていきます。「どこに行こうかな？」「何をしているところかな？」など、自分なりにイメージを広げて描いていきましょう。

用意するもの

- ●色画用紙 (八つ切りの1/2。うす橙など顔に使う色画用紙は正方形で用意する)
- ●端紙 (使いさしの色画用紙)
- ●白画用紙 (四つ切り)　●はさみ　●のり
- ●のり台紙　●手拭きタオル
- ●油性フェルトペン (黒)
- ●水性カラーフェルトペン
- ●絵の具 (いろいろな色。混色をして水で薄めておく。白の混色は避ける。色作りはP.27・P.67参照)
- ●筆　●画板　●ぬれ雑巾

① 人物を作る

色画用紙を使い、自分や友達などを作ります。

活動を支えるヒント

- ✔ 顔の丸い形を切るのが難しい子どもには、正方形の紙の角を切っていくよう、言葉を掛けましょう (P.90「はさみの使い方」参照)。
- ✔ 作る人数は何人でもいいですね。一人だけを丁寧にゆっくりと作る子、友達を増やしていく子など、それぞれのペースで進められるようにしましょう。

子どもが描きたくなる♪
導入のことばがけ例

人物を作る

 色画用紙で友達や自分を作って、後でお話を考えながら絵を描こうと思うんだけど、　└活動内容を伝える
みんなは誰を作りたい？

自分！　お友達のゆきちゃん！

 じゃあ、まずはお顔の色の画用紙を丸く切るよ。紙を回しながら大きな丸を切っていこうね。難しかったら四角い紙の角を何度もチョキチョキ切っていくといいね。　└実際に切って見せながら、はさみの使い方を分かりやすく伝える

何色のどんな服かな？　すてきな服を着せてあげてね。
　　　　└発想を引き出す

人物を貼って描く

 みんなが作った人物を画用紙に貼って、周りに絵を描こうと思うんだけど、何をしているところにしようかな？　└発想を引き出す

お友達と一緒に、犬のお散歩をしているところだよ。

 じゃあ、裏にのりを付けて画用紙に貼ったら、この黒いペンで描いていこうね。できあがったら、絵の具も用意しておくから、慌てずにゆっくりと描いてね。細かい部分はカラーペンで塗ろうね。
　└活動の流れを伝える

② 画用紙にのりで貼る

①で作った人物を裏返し、縁に沿ってのりを付け、四つ切り画用紙に貼ります。

④ 色をつける

カラーフェルトペンや絵の具で色をつけていきます。

③ 油性フェルトペン (黒) で描く

貼った人物をきっかけにイメージを膨らませ、油性フェルトペンで描いていきます。

活動を支えるヒント

細かい部分はペンで、広い面は絵の具で、丁寧に色をつけていくよう伝えましょう。子どもが自分で判断して使い分けができるようになるといいですね。使い分けが難しくて戸惑っている子どもには、個別に関わり、ヒントとなるようなことばがけをしていきましょう。

「友達と手をつないでお出掛けしているの。
信号を渡ると高いビルがあってね…」

「おしゃれなサングラスをしてお出掛け！　あの飛行機にも乗ろうぜ！」

ここに注目 ちょっと大人になった気分でお話を
作っているところがかわいいですね。

ここに注目 カラーフェルトペンだけで丁寧に色を塗って
います。カラフルでとてもきれいですね。

「大きな道を渡るよ！　横断歩道は手をあげて！」

ここに注目 手前と向こう側の遠近感をうまく表現しています。

「みんな、犬のお散歩をしているの。
分かれ道があって迷子になりそう！」

「虹色の線路を走る電車だよ」

「3人でお出掛け。あ！　また友達が増えてきたよ」

貼り絵

手袋のおうち

絵本『てぶくろ』をきっかけに、自分なりにイメージを広げ、お話作りを楽しみながら描いていきます。
まずは色画用紙で「手袋のおうち」を作ってみましょう。はさみで曲線を切ることにも挑戦です。

用意するもの

- 手袋を作る色画用紙（うす水色、クリーム、うすピンク、白　など。八つ切りの1/2〜1/4）

大きな紙 → 大きな山形に使う紙
小さな山形や波形に使う紙 → 小さな山形や波形に使う紙

- 色画用紙（ピンク、水色、うす灰色　など。四つ切り）
- はさみ　●のり　●のり台紙
- 手拭きタオル　●油性フェルトペン（黒）
- パスまたはクレヨン　など　●画板

導入時におすすめ
絵本『てぶくろ』（福音館書店）

子どもが描きたくなる♪

導入のことばがけ例

 絵本に出てきた「てぶくろ」とってもあったかそうだったね。
└ 絵本を振り返る

そんな手袋を作って絵を描いてみよう。手袋には誰が住んでいると思う？
└ 発想を引き出す

動物たちが住んでいて、パパもママもぼくも一緒！雪だるまが遊びに来るよ。

じゃあ、まずは色画用紙で手袋のおうちを作るよ。大きなお山と小さなお山を切って、組み合わせると手袋のできあがり！　次に大切なのは、温かくて白いフワフワ！　フサフサ！　先生の手をよく見ていてね。はさみを持っている手と、紙を持っている手のどっちを動かしているかな？
└ 実際に紙を切って見せながら、はさみの使い方を分かりやすく伝え、興味や関心を誘う

 紙だ〜！

そう！　はさみで切りながら、紙をクネクネ動かすよ。今度はフサフサを作ってみるね。紙を細かく切って、端っこまで切れたら、折ったり握ったりしてみるね。
└ 実際にやって見せながら、興味や関心を誘う
手袋の大きなお山と小さなお山、フワフワやフサフサができたら、画用紙に貼っていこうね。貼れたら、黒いペンで描いて、後でパスを使って色をつけようね。
└ 活動の流れを伝える

---

① 手袋を作って四つ切り画用紙に貼る

大・小の山形に切った色画用紙と、波型などに切った白画用紙を組み合わせ、四つ切り画用紙に貼って手袋を作ります。

活動を支えるヒント

線を書かずに、フリーハンドで切ることに挑戦してみましょう。線に沿って上手に切ることを求めるのではなく、切ることが楽しくなるような、関わりやことばがけをしたいものです。

「はさみは大きく開けて、大きなお山と小さなお山を切るよ」

「小さなお山はお父さん指が入る所」

「紙を動かしながら切るよ！モコモコ…フワフワの温かい手袋ができるね」

「チョキチョキ細かく切ると、フサフサいっぱいの手袋もできるね」

「折り返すと動きが出ておもしろい！」

---

② 油性フェルトペン（黒）で描く

おうちの中や外の様子についてイメージを広げ、描いていきます。

③ パスで色をつける

パスで色を塗ったり、雪などを描いたりします。

活動を支えるヒント

顔の中はパスで塗らないように伝えましょう。目や口など描いたものが見えづらくなります。実際に塗って見せながら話すと、分かりやすいですね。ただ指示を出すだけでなく、その理由が分かるように伝えることが大切です。

一人ひとりの表現を読み取ろう

「パパとママとぼくが住んでいて、動物たちも遊びに来たよ。あ！ ドアとドアをつないでおこっと！」

ここに注目 白い雪を画用紙の縁に沿って、丁寧に並べて描いています。

「雪がいっぱい降ってきたよ」

ここに注目 細かく切り込みを入れた白い紙を折り曲げ、フサフサとした感じを出しています。

ここに注目 「誰だ！ 手袋に住んでいるのは！」ってイノシシが言っているの」絵本の内容を思い出しながら描いています。

ここに注目 手袋に窓を描いたり、白い画用紙の上に動物を描いたり、自分なりに工夫をしながらお話を膨らませていきました。

「2階には、はしごで上って黄色い滑り台で降りて来るの」

ここに注目 油性フェルトペンで描いた雪を丁寧にパスで塗っていきました。

ここに注目 木の枝で手袋を支えている様子を描いています。白いパスで描いた雪も丁寧です。

「お星様がきれいでしょ。お部屋の中では、みんなお布団を着て寝ているの。おやすみなさ〜い」

ここに注目 家の中の様子を丁寧に描いています。

版画

版画は、版を作る工程と刷って写す工程の2つに大きく分かれます。
見通しをもってどちらも楽しめるような導入を工夫しましょう。
作った版にインクを付けて刷る、この瞬間の「写った！」という子どもの驚きや喜びが大きな感動となるような保育を心掛けましょう。

版画をするときのコツ

準備物

◢ 写し取るための紙

版画紙や障子紙、奉書紙などといった和紙が適していますが、コピー用紙や模造紙、画用紙などにも写ります。

◢ 版画用インク

水溶性のインクを使うと水で洗い流すことができ、片付けも簡単です。しかし、水溶性とはいえ、乾くと耐水性になるので、衣類などに付かないよう注意しましょう。
スチレン版画は幼児用のポスターカラーでも写し取れます。水は加えず原液のままで使用するのが基本です。中性洗剤を混ぜておくと弾きにくくなります。紙版画には、ポスターカラーは不向きです。

◢ インク練り板

菓子の缶の蓋やトレイなどで、十分に代用できます。

◢ ローラー

幅6cmくらいのスポンジローラーが使いやすいです。使用後は、中性洗剤を付けて優しく洗い、乾いた雑巾の上で転がして水気を取ります。握って絞ると戻らなくなります。束ねて保管する場合には傷や型が付かないよう、スポンジ部分に筒状のカバーをかぶせておきましょう。

刷り方

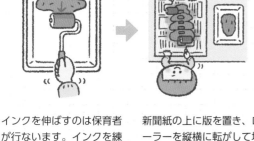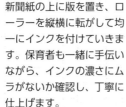

インクを伸ばすのは保育者が行ないます。インクを練り板の上の端に出し、少しずつローラーに付けて縦横に転がし、よく伸ばします。インクを取り過ぎるとベタベタになり、うまく写せないため、端に出しているインクは付けないよう、子どもに伝えます。

新聞紙の上に版を置き、ローラーを縦横に転がして均一にインクを付けていきます。保育者も一緒に手伝いながら、インクの濃さにムラがないか確認し、丁寧に仕上げます。

インクの付いた版をきれいな新聞紙の上に置き直し、保育者が写し取る紙を上から載せます。このとき、新聞紙の上で構図を決め、縦向きか横向きか子どもに確認しましょう。新聞紙に合わせて写し取る紙を置くと、決めた構図通りに写せます。

片手でしっかりと押さえ、もう一方の手で版を確かめるようにしてこすっていきます。両手を一緒に動かすとずれてしまうので、注意が必要です。バレンや軍手を使っても良いですが、版画紙などの紙で写し取る場合、作った版が透けて見えるので、一つずつ手で確かめていくことで、子どもの版への関心が深まります。

写し取った紙を保育者が静かにめくります。この瞬間が子どもにとって一番感動的なところです。子ども側からよく見えるよう、ゆっくりとめくりましょう。
「写った！」という子どもの驚きや感動をしっかりと受け止めましょう。

紙版画

紙で版を作り、インクを付けて写し取ります。写し取ったものをきっかけに、更にお話作りを楽しみながら、ペンなどで描き加えていきましょう。「作る楽しさ」「写す楽しさ」「描く楽しさ」の3つを十分に味わえるよう、子どもの感動や喜びをしっかりと受け止めましょう。

版を作るための紙

製図用ケント紙はきめが細かくインクを吸い込みにくいので、最適です。また、不要になったカレンダーやポスターなどのツルツルとした質感の紙でもOKです。白い裏面を使いましょう。
画用紙を使用する場合は、インクを吸い込みやすいので、インクの量を少し多めにしましょう。多過ぎると細かな表現がつぶれてしまうので、微調整が必要です。

紙に変化をつけて

はさみで切る、手でちぎる、紙をもんでしわを作る、重ねて貼るなど、同じ紙でも変化をつけることで、いろいろな表現を楽しむことができます。

ちぎる

表情のある線になります。両手の指先をくっ付けるようにしてちぎっていきましょう。

切る

はさみで切ることで、シャープな線ができます。

重ねて貼る

もんだ紙と、そのままのツルツルの紙を重ねて貼ると、質感の違いが生かされ効果的です。

もんでしわを作る

まず、紙をもむことを思い切り楽しみましょう。多少破れても気にせず、柔らかくなるまでしっかりともみましょう。

スチレン版画

版画用のスチレンボードは柔らかく、鉛筆で簡単にくぼませて描くことができます。鉛筆は4Bなどを使用し、先は丸くしておきましょう。

版を作るときの力加減

筆圧が弱過ぎるとくぼみが少なく、写りにくくなります。少し力を強めるよう言葉を掛けましょう。

インクの量と付け方

インクの量が多過ぎると、描いた線のくぼみにインクが入ってしまいます。インクは練り板の上でよく伸ばしてから使います。均一になるよう丁寧にインクを付けましょう。

注意 **スチレンボードは大切に扱いましょう**

爪で引っかいたり指で押したり曲げたりすると、すぐに傷が付いてしまいます。大切に扱うよう伝えましょう。

繰り返し写し取る

●「サンタが街にやって来た」(P.106)

一つの版で何度も写し取ることができます。薄くなるので、その都度インクを付け直しましょう。同じ版で2回写し取り、双子のサンタができました。

絵の具で色をつける

＊絵の具は白の混色を避け、水で薄く溶いておきます（P.26・P.67を参照）。

●「ツリーハウスにいらっしゃい」(P.108)

水溶性の版画インクも乾くと耐水性になります。絵の具を弾く性質を利用して、絵の具で色をつけてもいいでしょう。もんでしわになった紙を使うと、インクの付いていない部分ができ、絵の具を塗るときれいです。

周りに飾りを貼る

版画を台紙に貼って、周りを片段ボール紙などで飾りました。額縁に入れたように見えますね。

いろいろな作り方を楽しもう

サンタが街にやって来た

白いケント紙で作ったサンタクロースにインクを付けて写します。写し取ったサンタクロースをきっかけに、イメージを広げ、お話作りを楽しみながら描いていきましょう。

用意するもの

※A〜Eを準備するときのポイントはP.104-105参照。

● 版を作るための紙（製図用ケント紙。八つ切り1枚、八つ切りの1/2枚）…A
※八つ切り1枚はそのままで、八つ切りの1/2枚は、しっかりともんでしわを付けておく。少々破れてもOK。

● 写し取るための紙（版画紙。四つ切り）…B

● 水溶性の版画用インク（赤）…C ●ローラー…D

● 練り板…E ●新聞紙 ●はさみ ●のり

● 油性フェルトペン（黒）●筆

● 絵の具（いろいろな色。混色をして水で薄めておく。白の混色は避ける。色作りはP.27・P.67参照）

● 画板 ●ぬれ雑巾

子どもが描きたくなる♪
導入のことばがけ例

版を作って写す

今日は真っ白い紙でサンタクロースを作ってきたよ。
└ 興味や関心を誘う

サンタさんは赤だよ！ 目も口も白くて見えないよ！

ちょっと見ていてね。こうやってローラーでコロコロ…赤いインクを付けて、きれいな新聞紙の上にお引越し！ 上から紙をかぶせて…丁寧にこすってみるよ。さ〜て！ 紙を取ってみるね〜！
└ 実際にやって見せながら、活動内容や流れを伝え、興味や関心を誘う

わ〜！！ 赤いサンタが写ってる！

ツルツルの紙とシワシワの紙の両方を使って作るよ。サンタのお顔はツルツルの紙を使うんだけど、シワシワの紙はどんな所に使うといいかな？
└ 紙の特徴を伝え、構想を促す

おひげ！ 帽子や服！

紙ははさみで切ってもいいし、指と指をこっつんこしながらちぎっていくと、こんなフワフワの感じになるよ！ ボタンやポケット、ベルトなども重ねて貼るといいね。
└ 紙の生かし方を伝え、構想を促す
できあがってのりが乾いたら、ローラーで赤いインクを付けようね。

インクが乾いてから描く

みんなのサンタさん、今頃、何をしているのかな？
└ 発想を促す
黒いペンで描いて、後から絵の具で色もつけようね。
└ 活動の流れを伝える

紙で版（サンタクロース）を作る

ケント紙を切ったりちぎったりしながら組み合わせ、のりで貼ってサンタクロースを作ります（P.105参照）。

もんでしわを付けた紙

ツルツルの紙

活動を支えるヒント

✔ なぜ白い紙だけでサンタクロースを作れるのかが理解できるよう、保育者が事前に作ったサンタクロースにインクを付け、写して見せることから始めましょう。

✔ もんでしわを付けたケント紙も使うと、ひげや帽子などの柔らかい感じを表現できます。

✔ シワシワの紙とツルツルの紙の違いがどのように写るのか、はさみで切った所と手でちぎった所がどう違うのか、重ねて貼るとどのように写るのかなど、写し取ったサンタクロースを見ながら、子どもたちと話し合い、版画の効果について具体的に分かりやすく伝えましょう。

版画用インクを付けて写し取る

❶で作った版を新聞紙の上に置き、ローラーで均一にインクを付け、版画紙に写し取ります（P.104参照）。

油性フェルトペン（黒）で描く

刷り上がったサンタクロースからイメージを広げ、油性フェルトペンで描いていきます。インクが乾いてから取り組みましょう。

絵の具で色をつける

水で薄く溶いた絵の具を使って色をつけていきます。

活動を支えるヒント

版画紙などの和紙は下に染み込みやすいので、新聞紙を敷いておきましょう。

一人ひとりの表現を読み取ろう

「マンションにプレゼントを配ってきたの。
トナカイたちもひと休み」

ここに注目☞ しわを付けた紙を、帽子や服、
ひげなどにうまく使っています。

「ハートの目がかわいいでしょ」

 雪は水色で丁寧に塗っています。

「双子のサンタだよ」

 一つの版で2つ刷りました。

「100人のサンタも大忙し！
みんな、プレゼント待っててね」

 絵本をもとにイメージを
膨らませています。

「きれいな雪がいっぱい降ってきたの」

 いろいろな色を使って雪
を表現しています。

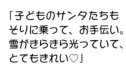

「子どものサンタたちも
そりに乗って、お手伝い。
雪がきらきら光っていて、
とてもきれい♡」

 白い雪や袋を残して、周りの
空を絵の具で塗っています。

ツリーハウスにいらっしゃい

白いケント紙で作った「ツリーハウス」にインクを付けて写します。この瞬間の「写った！」という感動が紙版画の醍醐味です。写し取った「ツリーハウス」をきっかけに、イメージを広げ、お話作りを楽しみながら描いていきましょう。

用意するもの

※A〜Eを準備するときのポイントはP.104-105参照。
- 版を作るための紙（製図用ケント紙。八つ切り2枚）…A
  ※一枚はそのままで、もう一枚はしっかりともんでしわを付けておく。少々破れてもOK。
- 写し取るための紙（版画紙。四つ切り）…B
- 水溶性の版画用インク（茶・緑）…C
- ローラー…D　●練り板…E
- 新聞紙　●はさみ　●のり
- 油性フェルトペン（黒）　●筆
- 絵の具（いろいろな色。混色をして水で薄めておく。白の混色は避ける。色作りはP.27・P.67参照）
- 画板　●ぬれ雑巾

導入時におすすめ
絵本『ツリーハウスがほしいなら』（ブロンズ新社）

❶ ケント紙をもんで、しわのある柔らかい紙を作る

縦、横、斜めと何度も繰り返し丸めては握り、最後は広げてこすり合わせながらもみます。

❷ 紙で版（ツリーハウス）を作る

ツルツルのケント紙とシワシワのケント紙を、切ったりちぎったりしながら組み合わせ、のりで貼ってツリーハウスを作ります。

●窓の開け方
- 半分に折って切り抜く
- 切り込みを入れて開く

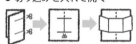

活動を支えるヒント
- ✔ もんでしわになったケント紙を切ったりちぎったりして木の葉などに使うと、柔らかい感じを表現できます。
- ✔ 画板の上で作ると、大きさの見当が付けられます。大きくなっても楽しいですが、四つ切りの紙に写し取りたい場合には、画板からはみ出さないように言葉を掛けましょう。

子どもが描きたくなる♪
導入のことばがけ例

版を作って写す

 シワシワとツルツルの紙を使って、絵本に出てきたツリーハウスを作ってみようか。
└ 絵本を振り返りながら、興味や関心を誘う

このシワシワの紙は何に使えるかな？
└ 発想を引き出す

葉っぱがいっぱい茂っている感じ！

 指と指をこっつんこさせて少しずつちぎっていくね。今度は、はさみで切って、葉っぱや枝も作ってみるね。窓は切り抜いたり、開けられるようにしたりしてみようかな。ツルツルの紙も切ったりちぎったりすると、また違う感じになるね。
└ 実際にやって見せながら、紙の操作方法や使い方を伝える

じゃあ、シワシワとツルツルの紙をどんなふうに使うとおもしろいか考えながら、大きな「ツリーハウス」を作ろう！
できあがってのりが乾いたら、ローラーで木の色のインクを付けて変身させようね。
└ 活動の流れを伝える

インクが乾いてから描く

 ここから自分でお話を考えながら、絵を描いていくよ。どんなお話にする？
└ 発想を引き出す

動物たちと一緒に遊んでいるの。

 じゃあ、まずはこの黒いペンで描いて、後から絵の具で色もつけようね。
└ 活動の流れを伝える

❸ 版画インクを付ける

❷で作った版を新聞紙の上に置き、ローラーで均一にインクを付けます（P.104参照）。

活動を支えるヒント
- ✔ インクは練り板の上の端に出し、少しずつローラーに付けて縦横に転がし、よく伸ばしてから使います。
- ✔ 子どもと一緒にインクを付けますが、仕上げは保育者が丁寧に調整しましょう。

❹ 写し取る

版をきれいな新聞紙の上に置き直し、版画紙をかぶせ、ずれないよう片手でしっかりと押さえながら、もう片方の手でこすって写し取ります。

5 油性フェルトペン（黒）で描く

刷り上がった「ツリーハ
ウス」からイメージを広
げ、油性フェルトペンで
描いていきます。インク
が乾いてから取り組みま
しょう。

6 絵の具で色をつける

水で薄く溶いた絵の具を使って
色をつけていきます。

> **活動を支えるヒント**
>
> 版画紙などの和紙は下に染
> み込みやすいので、新聞紙
> を敷いておきましょう。

4・5歳児

子どものつぶやきがいっぱい！
一人ひとりの表現を読み取ろう

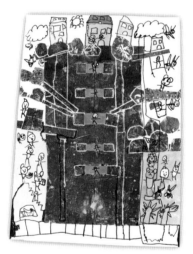

「木のてっぺんにもおうちを作ったよ。
スルスル…って降りてくるの」

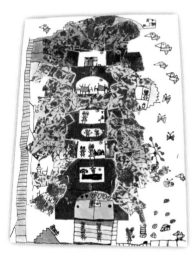

「なが～いはしごで上っていくの」

「葉っぱの色がきれいでしょ」

ここに注目 しわが写った所に絵の具を塗っています。

「ツリーハウスの中はお店屋さん！
いらっしゃいませ～」

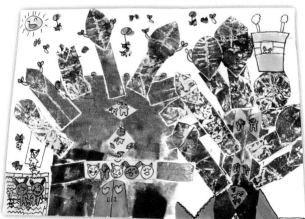

「二つのツリーハウスで行ったり来たり」

ここに注目 緑と茶のインクを混ぜて使っています。

「ウサギの家族が仲良く
暮らしているの」

109

雪だるまの国では

絵本からイメージを膨らませ、雪だるまの世界を描きました。版画用スチレンボードに鉛筆で描くときの感触がおもしろく、丁寧に描いています。インクを付けて写った絵をきっかけに、更に描くことを楽しみましょう。

用意するもの

※A〜Dを準備するときのポイントはP.104-105参照。

- 版画用スチレンボード（約400×265×2㎜）
- 鉛筆（4Bなど芯の太いもの。とがっていると引っ掛かって描きにくいため、先は丸くしておく）
- 写し取るための紙（版画紙四つ切り、またはコピー用紙A3）…A
- 色画用紙（水色 など。四つ切り）
- 水溶性の版画用インク（藍色）…B
- ローラー…C　●練り板…D
- 新聞紙　●スティックのり
- 水性カラーフェルトペン（青・紫などの寒色系）
- 画板　●ぬれ雑巾

導入時におすすめ

絵本『ゆきだるまは　よるがすき！』（評論社）

① スチレンボードに鉛筆で描く

自分なりにイメージを膨らませ、雪だるまの世界を描いていきます。

活動を支えるヒント

ある程度のくぼみができるよう、筆圧の弱い子どもには少し力を入れて描くよう言葉を掛けましょう。

② 版画用インクを付ける

ローラーを縦横に動かし、インクを均一に付けていきます。保育者と一緒に取り組みましょう（P.104-105参照）。

活動を支えるヒント

✔ 子どもがローラーを使うときには、練り板の上でインクをよく伸ばしてから手渡し、練り板の上端にまとめて出しているインクは付けないように伝えましょう。

✔ インクを付けすぎると、鉛筆で描いた線にインクが入り、形がきれいに写し取れません。ローラーを縦横に動かしながら、丁寧に均一にインクを付けましょう。最後の仕上げは保育者が行ないます。

子どもが描きたくなる♪
導入のことばがけ例

スチレンボードに描く

 お話の中の雪だるま、かわいかったね。今日はこの真っ白なスチレンボードっていう板に、雪だるまの絵を描いてみようか！
└ 興味や関心を誘う
どんな雪だるまにしようかな？　何をしているところにしようかな？
└ 発想を引き出す

3つ重なった大きな雪だるま！　子どもの雪だるまも集まってきて、公園で一緒に遊んでいるの！

じゃあ、この白い板を配るんだけど、この板はすごく柔らかくて、手に持って振ったり、爪を立ててこすったりすると、傷がついて使えなくなってしまうの。机の上に置いていくから、優しく、そ〜っと手のひらで触ってみてね。そ〜っとだよ。
└ 活動上の注意を促す
じゃあ、鉛筆を配るから雪だるまのお話を描いていこうね。

インクを付けて写す

板にローラーでコロコロ…インクを付けて写してみるよ。
└ 実際にやって見せながら、活動内容を伝える

インクが乾いたら、また描こうね。
└ 活動の流れを伝える

③ 紙に写し取る

きれいな新聞紙の上に置き直し、紙をかぶせ、手でこすって写し取ります。

ピッタリサイズの紙に写し取るのが難しい場合には、大きめの紙を用意し、刷り終わってから切りましょう。写し取った紙の縁を1㎝程度あけることで、額縁のような効果が出ます。

④ 色画用紙に貼り、カラーフェルトペンで描く

インクが乾いてから、保育者がスティックのりで色画用紙に貼り、周りにペンで描いていきます。

一人ひとりの表現を読み取ろう

「雪だるまが公園で遊んでいるの。すべり台を滑って、ブランコに乗って…。周りにはキラキラ光る雪を描いたの」

ここに注目

自分なりにイメージを膨らませ、夢中になって描いていきました。

「雪だるまがスキーをしているの」

「富士山に登っているの」

 ここに注目 画面の構成がうまく、お話もたくさんあって、伸びやかに描いています。

「雪がいっぱい積もっているの」

 ここに注目 鉛筆で塗った所が、白く抜けておもしろいですね。

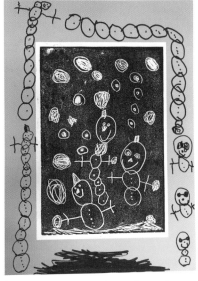

「背のたか～い、のっぽの雪だるまだよ！」

色の組み合わせを変えると…

雪だるまのクリスマス

クリスマスのイメージカラーの赤・緑・白を使っています。描く内容に合わせて色味を変えると、また違った雰囲気になりますね。濃い色画用紙に貼っているので、周りは白のパスで描いています。

著者＊村田夕紀（むらた　ゆき）

大阪教育大学（美術専攻）卒業
元・四天王寺大学短期大学部保育科　教授
造形教育研究所「こどものアトリエ」主宰

● **主な著書**

3・4・5歳児の楽しく絵を描く実践ライブ（ひかりのくに）
0・1・2歳児の造形あそび実践ライブ（ひかりのくに）
2・3・4・5歳児の技法あそび実践ライブ（ひかりのくに）
0・1・2歳児 遊んで育つ手づくり玩具（ひかりのくに）
カンタン！スグできる！製作あそび／2巻（ひかりのくに）
0・1・2・3歳児のきせつのせいさく（ひかりのくに）

● **実践協力**

たんぽぽ学園（大阪・茨木市）
たんぽぽtriangle学園（大阪・茨木市）
たんぽぽ中条学園（大阪・茨木市）
安威たんぽぽ学園（大阪・茨木市）
たちばなこども園（大阪・茨木市）
さつきこども園（大阪・池田市）
はたの保育園（大阪・池田市）
ひのまるこども園（大阪・堺市）
山本こども園（大阪・狭山市）
あべの幼稚園（大阪・大阪市）
みいけだい幼稚園（大阪・堺市）
造形教育研究所「こどものアトリエ」（大阪・大阪市）

● STAFF

本文イラスト／のだかおり、とみたみはる、やまざきかおり
カバー・表紙・本文デザイン／柳田尚美（N/Y graphics）
校正／中井 舞（一般社団法人 保育・子育てネット）
企画・編集／三宅 幸、北山文雄

3・4・5歳児の イメージがどんどん膨らむ！ 四つ切り画用紙に描く 実践ライブ

2023年10月 初版発行

著　者　村田夕紀
発行人　岡本 功
発行所　ひかりのくに株式会社
〒543-0001　大阪市天王寺区上本町3-2-14　郵便振替 00920-2-118855　TEL 06-6768-1155
〒175-0082　東京都板橋区高島平6-1-1　郵便振替 00150-0-30666　TEL 03-3979-3112
ホームページアドレス　https://www.hikarinokuni.co.jp
印刷所　大日本印刷株式会社
©Yuki Murata 2023　乱丁、落丁はお取り替えいたします。

Printed in Japan
ISBN　978-4-564-60970-1
NDC376　112p　26 × 21cm

本書のコピー、スキャン、デジタル化等の無断複製は著作権法上での例外を除き禁じられています。本書を代行業者等の第三者に依頼してスキャンやデジタル化することは、たとえ個人や家庭内の利用であっても著作権法上認められておりません。